SHODENSHA
SHINSHO

はなぜうまくいかないのか

論理的思考で考える

隆信

祥伝社新書

はじめに

家族とは何でしょうか。この世に生まれてくるときは必ず父親と母親がいるはずですから、通常の場合なら誰でも自動的に家族の一員になっています。でも、子どもは親を選べません。したがって、自分から進んで家族を作るのは結婚するときになります。

夫婦が子どもを作れば、家族はしだいに大きくなっていきます。親と同居すれば3世代家族になります。こうした結婚や家族がどのような意味を持つのか、子どもを産み育てる動機はどこにあるのか、そして家族が生活するというのはどういうことなのかについて、私たちはどこまで理解しているのでしょうか。

学校では家庭科を勉強しますが、その内容のほとんどは「生活ノウハウ」ともいうべきものです。結婚の意味や家族メンバーの利害関係などを深く掘り下げたりはしません。その理由は家庭科が教科となっているからです。教科である以上は、子どもたちに教えるということが前提となるため、そこになんらかの基準が求められます。こうして家庭科は、標準的な家族においてどうふるまうべきかという、当たり障《さわ》りのない生活ノウハウがその中心となるのです。

標準的な家族ありきの家庭科では決まった内容にならざるを得ないと思いますが、個人を前提として考えると、アプローチの仕方はまったく変わってきます。独身の男女にとって結婚とは何を意味するのか、子どもは両親とどう付き合えばいいのかという話になるからです。

たとえば、夫婦仲もよく、子どもの立場で考えてくれる両親のいる家庭は、子どもにとってとても快適な空間でしょう。でも、毎年20万を超える夫婦が離婚し、そのうち子どものいる家庭が6割を超えているという状況を見ると、標準的な家族ありきの生活ノウハウのまえに、個人にとって家族とはどういう存在なのかを学んでおく必要があるように思えるのです。

そもそも、家族が愛情と血縁で固く結ばれているという単純な思い込みにこそ、多くの危険が潜《ひそ》んでいることに注意を払うべきではないでしょうか。愛情と血縁というのは潤滑油のようなもので、家族メンバーの信頼関係がうまく保たれているときは、家族をさらに活動しやすくする働きをします。

しかし、相互の信頼関係が失われ、夫婦間や親子間で利害が衝突している家族にとっては、愛情と血縁はかえって負担になってきます。相手の要求をのまなければ「愛情がない」と非難されますし、「血のつながった親子じゃないか」と言われれば要求に従わざるを得なくなります。つまり、愛情や血縁ゆえに家族が我慢を強《し》いられるのです。

こうした我慢が限界に達すると、悲惨な事件が起きます。現在の日本で殺人事件は年間に１０００件ほど起きていますが、そのうち親族がらみのものは半数以上を占めています。さらに、親子間の殺人は約２００件、夫婦間は約１５０件もあるのです。（注1）私は、日本でいま最も治安の悪いところをあえて探すとするなら、それは冗談抜きで家庭だと思っています。一般の路上では「正当な理由」もなく包丁やナイフを持ち歩いていたら銃刀法違反になります。ところが、多くの家庭にはそうした「凶器」が常に用意されているのです。

私たちは、家庭にこそ賢いマネージメントが必要だということを学ばなければなりません。そのためには、そもそも結婚して家庭を作るとはどういうことなのか、家庭を運営していくというのはどういうことなのかを、しっかりと考えておく必要があります。

たとえば、恋人関係と夫婦関係ではまったく意味が異なります。このことがわかっていないと、結婚後に「こんなはずじゃなかった」という事態を招きます。また、親はつねに子どもの立場になって行動してくれるとは限りません。「あなたのためよ」という常套句《じょうとうく》を真《ま》に受け、「愛情」を装《よそお》った親の利己的な要求をそのまま受け入れていると、あとで真実を知って苦しむことになります。

家族をテーマとする本はこれまで数多く出版されてきています。アプローチも多岐《たき》にわたっていて、社会学、法学、経済学、心理学などさまざまです。

社会学では、家族を社会現象のひとつととらえ、それがどのような理由から生じてきたかを分析します。「核家族」、「パラサイト・シングル」、「おひとりさま」、「婚活」

などはそうした現象を簡潔に言い表わすためのキーワードとなります。(注2)
法学は、家族をめぐるさまざまなことがらの法的な定義づけとルール作りを考え、法律が家族問題の適切な解決方法を示しているかどうかを研究します。そして法律と現実が不適合を起こすようになったときには、法改正をめぐって法学者からさまざまな意見が出されます。(注3)
経済学は、自らの欲求を最大限満たしたいと考える個人が、どのようなときに結婚を決断し、どのように家族の一員として行動するかを考えます。子どもを産むか否《いな》かという問題についても同様の考え方を採用します。そして、社会で何か問題が起きたときは、家族の一員として合理的に行動する個人を前提としたうえで、状況改善のための工夫を考えます。(注4)
心理学が扱うのは、家族関係が親や子どもに与える心理的な影響についてです。家庭内暴力（DV）、子どもの不登校や引きこもり、少年犯罪などの原因を家庭における人間関係に求め、臨床での治療法を提案します。(注5)
これらの本を読んでいてとても不思議に思うのは、それぞれが他の分野の本をまったくといっていいくらい参照していないことです。お互いに関わり合いを持たないほうがいいと思っているのかわかりませんが、相互の連携がとれていないのです。私は経済学が専門ですが、家族の問題を経済モデルだけで扱うことには限界があると強く感じています。経済モデルに馴染《なじ》みがない人に対して説得力を持つとはとても思えないのです。

本書は、こうした多分野にまたがっている家族の問題になんとか横串を刺せないかという私のもがきから生まれました。ここでのキーワードは「論理的思考」と「インセンティブ（動機付け）」です。

たとえば、「愛情」というワードを見聞きしたとき、多くの人はそれ自体をひとつの独立した価値観として絶対視してしまいます。「愛は美しい、終了！」という感じです。

でも、このことばを「利他心」に置き換えれば、論理的思考のなかに組み込むことができます。つまり、利他心が人間の行動を促《うなが》すインセンティブとなり、それがどのように家族のなかに波及していくかが明らかになってきます。そして、こうすることで「愛情」の名を借りた「利己心」の存在も見えてきて、それが家庭内のさまざまな問題を引き起こす原因になっていることもわかってきます。

インセンティブは経済学の専門用語だと理解されているようですが、必ずしもそうではありません。たとえば、ある法律を制定しようとするさい、この法律ができたら国民がどのような行動をとるかという視点は必須ではないでしょうか。また、心理療法のひとつである認知行動療法の実践例などを見ても、「今抱えている苦しみを減らしたい」という患者のインセンティブが鍵になっていますし、その治療のプロセスもきわめて論理的です。

要は、この2つのキーワードの適用範囲をもっと広げていけば、複雑に見える家族というテーマにも、ひとつの視点からアプローチできるのです。

どのような学問であっても、その最終目標は人間一人一人の幸福の実現であることに変わりはありません。家族は私たちが生きていくうえでの最も基本的な生活単位です。だとしたら、その家族のあり方こそ、多くの人が強く関心を持つべきだと思います。この本が幸せな家族を構築するための一助となることを心より願っています。

（注1）法務省『犯罪白書』（平成22年版、平成25年版）より。

（注2）山田昌弘『パラサイト・シングルの時代』、伊田広行『シングル単位の恋愛・家族論』、上野千鶴子『おひとりさまの老後』、山田昌弘、白河桃子『「婚活」時代』など。

（注3）二宮周平『家族と法』、丸山茂「家族の変容と国家」など。

（注4）岩本康志編著『社会福祉と家族の経済学』、A・シグノー『家族の経済学』（田中敬文、駒村康平訳）、橘木俊詔、木村匡子『家族の経済学』、A・W・ドゥネス、R・ローソン編著『結婚と離婚の法と経済学』（太田勝造監訳）など。ただし、最後の文献は「法と経済学」という法学と経済学の学際的分野からのアプローチという点で特徴があります。

（注5）信田さよ子『夫婦の関係を見て子は育つ』、同『愛情という名の支配』、岡田尊司『父という病』、同『母という病』、スーザン・フォワード『毒になる親』（玉置悟訳）など。

『家族はなぜうまくいかないのか』目次

第3章　夫婦関係をよく保つには

第4章　親子関係に特有の問題とは

第７章　法律は家族を守っているか

第1章

なぜ結婚するのか

家族という小組織のスタートは結婚です。一般的な組織は何らかの「利害」によって生まれるのが普通です。たとえば、会社であれば、生産活動を通じて価値を創造するためにできた組織です。同好会は、同じ好みや考えを持つ人たちが集まり、互いに情報を交換したり、共同でイベントを開催したりして喜びを共有するために作られる組織でしょう。つまり、組織である以上は、そこに何らかのメリットが発生しているわけで、それが組織を形成する動機になっているのです。

それでは家族はどうでしょうか。この章では、どのようにして結婚というイベントが起こり、それがどのようにして夫婦からなる家族という最小単位の組織を作り上げていくかについて考えていきたいと思います。

なぜ組織を作るのか

家族について考えていく前に、なぜ組織が作られるかについて簡単に説明しておきましょう。

ここでプロスポーツ選手であるタダシに登場してもらいましょう。スポーツ選手にとって体作りは基本となりますが、なかでもどのような食事をとるかはきわめて重要です。自分の体調は自分で整えるのがプロですから、本来ならば栄養バランスのとれた食事を自分で作るべきでしょう。しかし、練習や試合の後の疲れた状態ではそれもままなりませんので、どうしても夕食などは外で済ませることが多くなります。

外食は便利なサービスですが、その目的は客の舌を楽しませる料理を提供することであって、必ずしも客の健康を第一に考えて作っているわけではありません。外食が続けば偏《かたよ》った食事になりがちです。

そこでタダシは思い切って自分専用の料理人アリスを雇《やと》うことにしました。アリスにはスポーツ選手であるタダシの栄養バランスをふまえたメニューを考えさせ、生活パターンに合った時間に食事を提供してもらうようにします。こうしてタダシとアリスの二人だけからなる組織ができあがりました。

この事例からおわかりのように、組織の目的はこうした利便性にあります。レストランで食事をするということは、外食サービスという市場（マーケット）での取引と考えられます。

こうした市場取引には、何を注文しようかと考えることの面倒臭さや、使われている食材や調味料の内容に関する情報の不足が伴《ともな》います。また、そうした点を改善するには馴染《なじ》みの店を作る必要がありますが、そのためには店に何度も足繁《しげ》く通い、店長やシェフなどと懇意になっておかなければなりません。さらに、試合時間が延びるなどして営業時間に間に合わなければ、食事にありつけなくなってしまいます。

ここでは、こうした費用や時間、そして苦痛のことを「取引コスト」と呼んでおきましょう。

組織を作ることの最大のメリットは、こうした取引コストを節約できるところにあります。タダシがアリスのような専門の料理人を雇えば、取引コストはほぼゼロになるでしょう。なぜなら、大勢の客を相手にするレストランのシェフと違って、アリスはタダシのことだけを考えて食事を提供するからです。また、アリスとの契約に際して融通《ゆうずう》の利《き》く勤務時間の規定を盛り込んでおけば、営業時間のことなど気にすることなく試合に集中することができます。

それでは組織を作ることにデメリットはないのでしょうか。たとえば、試合の後、タダシのもとに親しい友人が訪ねてきて「一緒に食事でも」ということになったとき、アリスとの契約は足かせになってしまいます。また、あるときは、不意にアリスが作る料理とはまったく別のものを食べたいと思うことがあるかもしれません。こうした不測の事態まですべて契約に盛り込んでおくことは不可能です。

さらに、いったんアリスと契約を結んでしまうと、簡単には解消しづらいということもあります。むしろ解約を困難にすることで両者の間には信頼関係が生まれ、アリスはタダシの長期的な体作りのことを考慮に入れられるようになります。タダシの好まない食材であっても、体作りに不可欠であればあえて献立《こんだて》に加えるでしょう。

この解約のしづらさがアリスの甘えを生む可能性もあります。市場取引のメリットは何といっても競争の厳しさです。なぜなら手抜きをしているとほかの業者との競争に負け、客を持っていかれてしまうからです。

逆に言えば、こうした危機意識が現状への甘えをなくし、常に新しい技術を取り入れようとする努力につながっていきます。アリスはタダシとの安定した雇用関係を確保したことにより、こうした努力を怠《おこた》るようになるかもしれないと考えられます。

このように考えていくと、組織がどこまで大きくなっていくかもわかってきます。タダシがよりビッグな選手になっていけば、組織はどんどん拡大することが予想されます。おそらく、スケジュールを管理するためにマネージャーを雇うようになるでしょう。体のケアのため専属トレーナーが必要になるかもしれません。世界を股《また》にかけて活躍するようになれば自家用ジェットを購入し、専用のパイロットを採用することも考えられるのです。

一方、パフォーマンスが落ち、収入が減ってくると以前のように何でも自分でやるか、必要なときに市場のサービスを利用するという形になるでしょう。簡単に言えば、必要な仕事を組織の中に取り込んだほうが利便性が高ければ組織は拡大し、アウトソーシングという形で市場取引を活用したほうがよければ組織は縮小するということです。

モテる人とモテない人の違いはどこにあるか

ここからは、これまで述べた組織の考え方を用い、結婚の動機について考えていくことにしましょう。

恋愛関係にあるカップルが結婚する動機として「いつも一緒にいたいから」という理由がよく挙げられます。片時も離れたくないくらい好きということなのでしょうが、この動機はおそらく間違っています。

なぜなら、恋人同士であっても一緒にいる時間は十分に作れますし、一緒に暮らしたければ同棲《どうせい》すればいいだけの話です。また、結婚したからといっていつも一緒にいられるとは限りません。仕事の都合で長期間にわたって顔を合わせることができない夫婦はたくさんいるでしょう。

結婚の理由を説明するためには、恋愛と結婚の違いを明らかにしておかなければなりません。(注1)異性間の恋愛感情が人間の本能のなせる業《わざ》だとすれば、それをどのような形で具体化するかは当事者の能力や置かれた立場によって変わってくると考えられます。

たとえば、「彼女いない歴20年」のタカシがクリスマスの夜に女性とディナーを楽しみたいと切望したとしましょう。このとき、タカシが最初になすべきことは相手を見つけることです。まず思いつく手段としては、通っている大学のキャンパスで女子学生に片っ端から声をかけるとか、若者で賑《にぎ》わう繁華街を行き交《か》う女性にアタックするなどが考えられます。

しかし、「彼女いない歴20年」のタカシですから、簡単にナンパに成功するはずもなく、あえなく撃沈し、一人寂しくクリスマスを迎えることになります。

もう一人、背が高くイケメンのヒロシにも登場してもらいましょう。彼はタカシと正反対に女性にはまったく不自由しません。どこへ行っても女性にはモテモテで、合コンの成功率は100%です。女性と出会うチャンスさえあれば、クリスマスのディナーをともにする相手など簡単に見つけることができます。

この二人の違いはどう説明できるのでしょうか。ここでさきに紹介した取引コストの考え方を応用してみましょう。

ナンパという行為は、異性を求める市場取引と解釈できます。適切な取引相手を見つけるためにコストがかかるのと同じく、ディナーをともにする相手を見つけるにもコストがかかります。一緒に食事をして楽しくなければいけませんし、男性のほうから女性をディナーに誘うのであれば、その代金は男性側が負担することも念頭に置くべきでしょう。

このように考えれば、モテないタカシはナンパにあたって取引コストの高い男性ということになります。一方、イケメンのヒロシは少ない取引コストで女性とのクリスマスディナーが実現できる人です。

ここでタカシは次のように考えます。「このように切羽詰《せっぱつ》まった状態で相手を見つけるのは自分には無理だからあらかじめ彼女を作っておこう」と。そこでタカシは大学のサークルに入り、サークル活動を通じて彼女を見つけようとしました。繁華街でのナンパと違い、サークルでは各メンバーがどういう人間かよくわかります。時間をかけ、本当に気の合う相手を見つけることができるのです。

その後、タカシはサークル活動がきっかけでマリという素敵な女性と出会いました。彼女と話すたびに感じる胸のときめきを抑えることができません。そこで、ある日、勇気を振り絞《しぼ》って自分の思いを告白し、マリから無事にＯＫの返事をもらうことができました。この天にも昇る気持ちは一生忘れられないことでしょう。こうしてタカシは、それまでのように取引コストをかけることなく、マリというすばらしい女性とディナーが楽しめるようになったのです。

以上のことからわかるように、モテない人とモテる人の違いは、気に入った異性を見つける取引コストが大きいか小さいかの違いなのです。取引コストの小さい人はモテモテなので遊ぶ相手には苦労しません。

したがって、決まった恋人を持つインセンティブが低くなります。むしろ一人に決めないほうが、そのときの気分によって相手を選ぶことができて便利です。ディナーをともにして楽しい人がテーマパークの乗り物は苦手ということもあり得ますから。

他方、モテない人は決まった恋人を持つインセンティブが高くなります。相手との間で嗜好《しこう》に若干のズレがあったとしても、恋人を選び直すコストがきわめて高いため、決まった人と付き合うことが合理的だからです。

恋愛時代にかかるコスト

マリと付き合い始めたタカシはときどき不安に思うことがあります。それは、マリは自分のことを本当に好きなのかどうかという点です。いつ別れ話を切り出されるかという不安もあります。

付き合い始めてから最初のバレンタインデーには、手作りのチョコレートをもらいました。別れるつもりならばチョコレートは渡さないでしょうから、もらったことでマリの気持ちは変わっていないと安心しました。そして翌月のホワイトデーにはホワイトチョコのお返しをしました。4月はマリの誕生月です。タカシは奮発してネックレスをプレゼントしました。マリは一応喜んで受け取りましたが、見たところそれをいつも身につけてはいないようです。

なぜマリはそのネックレスを常用しなかったのでしょうか。その理由は、ネックレスの着用が二人の関係をより固定的なものにすると考えたからです。マリにしてみれば、タカシとの関係はそれほど固定的という意識はなく、今のところ気に入っているから付き合っているという程度に過ぎません。

仮にネックレスを常用すれば、それはあたかも婚約指輪のような「約束事の証明（コミットメント）」の役割を果たしてしまうでしょう。マリはそこまで踏み込んだつきあいを望んではいなかったということです。ちなみに、マリからタカシへの誕生日のプレゼントはタカシお気に入りの音楽ＣＤでした。

さて順調に見えた二人の関係に変化が訪れました。それは卒業と就職です。タカシは大阪勤務、マリは東京勤務となりました。仕事が忙しいうえに交通費もかかるため、二人の会う機会は激減しました。誕生日のプレゼントなどもつい忘れがちになります。

そのうち、東京勤務のマリは仕事を通じてキヨシという素敵な男性と巡り会います。世の中には、大学のサークルとは比べものにならないほどたくさんの男性がいます。マリはタカシのことも気にはなりましたが、キヨシに惹《ひ》かれていくのを止めることができません。そして、その年のクリスマスイブのディナーのとき、マリはタカシに別れ話を切り出します。大学時代から続いた二人の関係は5年で終止符が打たれました。

この話からわかることは、恋愛関係を維持するためにはコストをかけなければならないということです。恋愛関係は当事者の合意にのみ基づくもので、行政機関はもとより第三者による認証などはまったく必要としません。したがって、この関係は二人のうちの少なくとも一人が、維持するインセンティブを失えば簡単に壊れてしまいます。

もしタカシとマリが恋愛関係を維持したければ、いかに忙しかったとしても頻繁《ひんぱん》に電話を掛け合い、誕生日にはプレゼントを贈り、コストをかけても東京と大阪間を行き来しなければならなかったのです。

さらに、タカシにはより一層の努力が必要でした。なぜなら、大学時代とは違ってマリの周囲にはタカシの競争相手が多数いるからです。タカシはマリに対して、自分が他の男性に負けないくらい魅力的な存在であると思わせる努力をしておくべきでした。

こうしたコストをかけるのを怠ったことが二人の破局の原因です。

恋愛関係維持のコストを減らすにはどうすればよいか

このように恋愛の維持にはコストがかかることがわかりました。これらは、

・関係をいつ解消されるかという不安感
・バレンタインデーや誕生日に渡す贈り物
・恋愛の競争相手に負けないための魅力の維持

の3つに集約できるでしょう。このようなコストをかけたくない人はどうすればいいのでしょうか。

答えは簡単です。結婚すればいいのです。結婚というのは恋愛中のカップルを別れにくくするための制度です。(注2)結婚をされた方ならおわかりのように、結婚に至るまでのプロセスは面倒な手続きに満ちあふれています。まず、互いの両親に引き合わせ、同意をもらわなければなりません。次に、結婚式場を決めて招待客を選び、招待状を発送します。そして婚姻届を出すのですが、そこには2名の成人による証人が必要です。

結婚式では、親戚や友人たちが見守るなかで指輪を交換したり、キスを交わしたり、神前で誓いのことばを口にしたりします。さらに披露宴では、実質的な意味があるとは思えないウェディングケーキ入刀や友人らによる出し物、そして涙ながらの両親への花束贈呈などのプログラムが用意されています。このような「儀式」ははたして必要なのでしょうか。二人が愛し合っていれば、それだけで十分なのではないでしょうか。

こうした儀式が必要な理由は、結婚を決断したカップルに簡単に後戻りさせないようにするためです。結婚を単なる二人だけの約束だとすると恋愛関係のときと同じく別れるのも簡単になってしまいます。

親族や友人などなるべく大勢の人の前で愛を誓わせれば、おいそれとは別れにくくなるでしょう。ケーキ入刀やキャンドルサービスなどは二人の仲睦《むつ》まじい姿を見せつけるための演出です。こうした見せつけによって、二人はこれからも仲良くしていかなければならなくなるのです。

新婚夫婦が「新居が決まりました」などと、新婚旅行の写真を貼り付け、連絡先を記載したはがきを送ってくることがありますね。「お近くにお越しの際はぜひお立ち寄りください」などと書かれていますが、それが本心であるはずはありません。このようなはがきを送付する理由は、「二人は簡単には別れません」と世間に向けてコミットメントしているのです。「お立ち寄りください」といっておいて別れたら格好つかないでしょうから。

ここで、女性に対しては、結婚にさいして特別なコミットメントが要求される点に注意しておかなければなりません。ひとつは改姓です。結婚は二人で新しい戸籍を作ることを意味しますが、日本では同一戸籍上で夫婦が別の姓を名乗ることはできません。（注3）もちろん、夫が妻の姓に合わせることも可能ですが、通常の場合は、慣例に従い妻が夫の姓に合わせることになります。

姓を変えるということは、運転免許証やパスポートなどあらゆる公的な証明書に影響が及びます。結婚で改姓したときにはうれしさにまぎれて面倒さは感じないかもしれませんが、離婚のときに旧姓に戻すということになると、もはや面倒さしかありません。

そのため、最近では連続性を重視する考えから仕事上の名字を変えない女性もいますが、コミットメントの観点からいえば、女性にとって改姓を公表することは後戻りをより一層難しくする意味もあるといえるでしょう。

女性にとってのもうひとつのコミットメントは寿《ことぶき》退社です。これは結婚を機に会社の上司や同僚たちから「おめでとう」と祝福されて退社することを意味するのですが、これもかなり強いコミットメントになります。

なぜなら、日本の会社では一般的に、女性が結婚などを理由にいったん退職してしまうと、後になって元の職場に復帰することはほぼ不可能だからです。もし離婚すれば独身状態に逆戻りするので、再び生活のために働かなくてはならなくなります。つまり、寿退社とは「離婚しません」という宣言、すなわちコミットメントに他ならないのです。

結婚によって生じるコスト

以上の考察から、恋愛時代にかかっていた多くのコストは、結婚することによって節約できることがわかりました。しかし、結婚にコストがまったくかからないわけではありません。

ひとり暮らしのメリットはすべて自分で意思決定ができるという点です。起床、食事、入浴、就寝の時間など、生活のリズムはすべて自由に決めることができます。洗濯や掃除といった家事労働もやりたいときにやればいいし、部屋を散らかしたままにしていても誰も文句を言う人はいません。

親と同居している独身者の場合では、生活上の自由が制限されることもありますが、そのかわりに家賃はかからず経済的であるうえに、掃除や洗濯を母親任せにすれば家事サービスの負担は大幅に軽減されます。

ところが、結婚して夫婦による共同生活が始まるとそのようなわけにはいきません。まずは互いに生活のリズムを調和させる必要があります。起床や入浴などは時間を合わせたほうが効率的ですし、食事は同じ時間に同じものを食べたほうが燃料や食材の費用を節約できます。これは自由を制限されるというコストです。

次に、結婚すると家事労働が自分のためだけでなくなります。リビングルーム、浴室、トイレ、キッチン、寝室などほぼすべての空間は夫婦で共有されます。ひとり暮らしなら散らかし放題でも自己責任でしたが、結婚するとそうはいきません。共有スペースとして快適さを保つ義務が発生します。

さらに食事についても、結婚すれば断わりなく一人で勝手に外で済ませてくるというわけにはいきません。そして二人分を一度に作るわけですから、調理サービスを夫婦どちらが担《にな》うかという問題が発生します。

このようにひとり暮らしから夫婦になったとたん、家事は自分のためのサービスから二人のための「公共サービス」に性格を変えるのです。サービスの担い手として、夫婦のどちらかが相手に一方的に依存すれば、「ただ乗り（フリーライダー）」の問題が発生し、それが度重なれば夫婦間に不信感を生じさせる原因になります。そのため、夫婦で均等に負担するように何らかの決めごとをしておかなければなりません。これらもすべて結婚のコストと考えられます。

もうひとつの重要なコストは、結婚によって恋愛時代のときのようないい意味での緊張感が失われるという点です。恋愛中は、恋人同士という安定的な関係を維持できているように見えますが、実際、それには何の裏付けもありません。

クリスマスイブのディナーやバレンタインデーのチョコレートは恋愛の契約更新日のようなもので、そこでもう一年継続するか、サヨナラするかが決まるのです。同棲でもしていなければ、契約解除のコストもほとんどかからないでしょう。

そうしたコストの存在は、恋愛関係にある恋人たちが契約更新のため、相手から嫌われないように注意を払わなければならないということを意味します。相手の誕生日を忘れたり、デートの約束をすっぽかしたりすれば不誠実な人間だと思われてしまうからです。

ところが結婚をすると、こうした相手をつなぎ止めるためのコストをかける必要がなくなります。むしろ、前に述べたように、結婚とはこうしたコストを節約するためにこそするのです。

しかし、このコスト節約が結婚前のような緊張感を失わせる原因になります。安定的な関係に安住し、それに甘え、配偶者の気を引く努力を怠るようになるのです。いつの間にか、二人の間での楽しい会話が少なくなり、体型などの外見も気にしなくなり、ただ一緒に暮らしているだけになってしまいます。

そして最後に忘れてはならないのは、夫婦間の信頼関係を維持するために支払うコストの存在です。

たとえば、結婚後に何らかのきっかけで素敵な異性に出会い、浮気心からつい「一晩だけなら」とその異性と関係を持ったとしましょう。こうした「裏切り」は夫婦の信頼関係に決定的なダメージを与えます。そして信頼関係が失われれば、結婚していることの意味もなくなってしまいます。つまり、夫婦の信頼関係を維持したければ、その場限りの快楽を我慢しなければならないのです。この「我慢」こそが結婚のコストです。

なぜ結婚後、夫の態度が変わるのか

さきほど結婚に必要とされるさまざまな「儀式」は、二人の関係を後戻りさせないようにするためのコミットメントだと説明しました。後戻りできない状況を作ることは、相手を裏切るコストを上昇させ、夫婦間の信頼関係を高める働きをします。

ここで注意しなければならないのはこのコミットメントの強さが夫婦間で必ずしも

平等ではないという点です。結婚式の誓いのことばやウェディングケーキ入刀などの儀式は新郎新婦がともに行なうコミットメントです。ところが、先に述べたように結婚による改姓や寿退社は男女平等ではなく、社会通念的に女性がもっぱら行なうことになっています。

つまり、女性だけが後戻りしにくくするためのコストを支払わされているわけです。こうした不平等は結婚後の夫の立場を強くします。なぜなら、再び旧姓を名乗ることの煩《わずら》わしさや再就職の困難さを考えると、女性にとって離婚することのコストはきわめて高いからです。

夫婦に子どもができるとさらに後戻りが難しくなります。離婚はいずれかの親から子どもを引き離すことを意味します。父親に養育権がいけば、子どもは母親を恋しがるでしょう。かといって専業主婦だった母親が引き取れば、経済的な不安定さは否《いな》めません。

こうした状況は明らかに子どもにとってマイナスです。したがって、子どもを世に送り出した母親にとって、離婚がこうした不幸をもたらすことがわかっている以上、安易に離婚を選択できなくなるのは当然といえるのです。

こうした状況は家庭における夫と妻の立場に影響を与えます。それは後戻りのコストの高い妻に対して、夫が強気の態度に出られるということです。たとえば、夕飯の支度をして夫の帰りを待つ妻に対し、何の連絡もせずに深夜に帰宅した夫が「今日は職場の同僚と飲んできた」と言ったとします。もし、二人が恋人同士だったとしたら、このような男性の行為は今後の二人の関係に決定的なダメージを与えるはずです。

ところが、結婚によって退路を断《た》っている妻はこうした夫の行為に対して強く出ることができません。こうした不誠実な態度を理由に離婚を切り出したとしても、周囲からは「そのくらいのことで目くじらを立てるな」と逆に諭《さと》されてしまいそうです。

結婚や子どもの出産を機に、それまで優しかった夫が態度を豹変《ひょうへん》させ、不誠実な態度をとるようになったという話はよく聞きます。誠実か不誠実かは当人の性格によるところも大きいとは思いますが、ここでのポイントは妻がコミットメントをしたことによって、夫の「誠実にふるまう」動機が薄れたということです。

退路を断った人が無理難題を甘んじて受けざるを得なくなることを「ホールドアッ

プ（お手上げ）」といいます。このホールドアップは女性にとって大きな結婚のコストだと解釈されるべきでしょう。

結婚に必要とされる「愛」の中身

結婚は恋愛の延長線上にあるもの、あるいは恋愛の進化形だと考えている人は多いと思います。確かに、結婚の前提条件として恋愛感情があることは否定できません。しかし、恋愛感情だけで結婚生活がうまくいくとは限りません。また、「愛」というワードは、それを使う側の人によって都合よく解釈されていることもあるので注意が必要です。

繰り返しになりますが、恋愛と結婚の決定的な違いは組織を作っているかどうかという点です。結婚して二人の関係が組織化されたとたん、時間や空間、そして財産などが共有されます。

共有物は責任の所在がはっきりしないため、いきおい管理が不十分になりがちです。海水浴場にゴミが散乱したり、観光地の公衆トイレが汚く使われたりするのは、利用する人が砂浜やトイレの所有者ではないためです。公海におけるマグロの捕りすぎなどによって水産資源がダメージを受けるのも同じ現象です。こうした状況のことを「共有地の悲劇」といいます。

居心地のよい家庭環境は家族という組織の共有財産です。ですから、家事や子育てを一方的に相手に押しつけたり、週末を自分の趣味のためだけに過ごしたりする行為は、共有物の維持管理コストを負担せず、その成果だけ享受しようとする「フリーライダー（ただ乗り）」に相当します。すなわち、家庭版「共有地の悲劇」なのです。

多くの人は「愛」があればこうした問題は起こらないと言うでしょう。でもその考えは矛盾しています。なぜなら、結婚は恋愛の進化形のはずですから、そこには恋愛中よりもさらに高度な「愛」があるに違いないからです。したがって、ここでの適切な解釈は、「共有地の悲劇」を引き起こす夫婦には恋愛を継続させる「愛」はあっても、結婚後に必要とされる「愛」が備わっていなかったということになります。

問題の核心は、外見上は愛情溢《あふ》れる行為に見えることでも、その動機には2種類あるということです。たとえば、恋愛中のあるカップルがいて、男性が女性の誕生日にディナーをご馳走《ちそう》したとしましょう。一般にはこれも一種の愛情表現と解釈されるかもしれませんが、その動機が重要です。

もし、その男性がディナーを楽しむ女性のようすを見て、わが事のように喜びを感じているのであれば、これは「利他主義的動機」といえます。ここでいう利他主義とは、相手の満足を自分の満足に置き換えて評価できるという意味です。

他方、女性をディナーに招待するという行為が、誕生日を利用して女性と食事をしたいという自らの欲求を満たすためだけだったとしたら、これは「利己主義的動機」となります。美しい女性と食事をしているところを周囲に見せつけて虚栄心を満たしたいというのも利己主義的です。単に今の恋愛関係を持続したいからという理由だけなら、これも利己主義的といえるでしょう。

恋愛中はどちらの動機であっても結果に変わりはないので問題は起こりません。しかし、結婚して共有物が発生すると結果は変わってきます。実際、家庭内で「共有地の悲劇」を起こさないために必要となるのは利他主義的「愛」のほうです。この点については第3章で詳しく触れるので、ここでは恋愛中に相手の「愛」が利他主義的かどうか確認する方法だけを述べておきましょう。

方法は簡単です。自分が喜んでいるとき相手も喜び、自分が悲しんでいるとき相手も悲しんでいるかで相手が利他主義かどうかがわかります。もし相手にあまりいいことがない不運な状況で、自分に幸運が訪れたときの相手の反応を見ることができればベストですね。また、あなた自身が利他主義かどうかは、相手の喜びや悲しみに共感できているかどうかで判定できます。

この章のまとめ

ここで本章の考察を踏まえ、押さえておくべきポイントを確認しておきましょう。

①モテる人が結婚するとは限らない

②結婚は男女を別れにくくさせる約束事の証明（コミットメント）である

③結婚において女性は特に強いコミットメントを要求されるため、ホールドアップ状態になりやすい

④円満な結婚生活は利他主義的動機から

まず①ですが、モテる人は恋愛の取引コストが低いため、安定した関係を作る動機が弱いと考えられます。むしろモテる人が結婚してしまうと、個人的関係は特定の相手（配偶者）とだけに限られるので、いろんな相手と付き合ってみたいという欲求の強い人にとっては不便です。

逆に、モテない人は気に入った相手が見つかったとき、その人に自分を好きになってもらえるよう全精力を傾《かたむ》け、恋人関係を経由して結婚へと邁進《まいしん》することが合理的です。なにしろ次のチャンスはもうめぐってこないかもしれないわけですから。

そして②は、いつ解消されるかわからない不安定な恋愛関係が、結婚によってより安定的になるという意味です。言ってみれば、恋愛関係とは契約社員のようなもので、いつ契約の打ち切りを言い渡されるかわからない状態です。バレンタインデーやクリスマスイブなどは恋愛の契約更新日に相当するわけです。それに対して、結婚は正社員採用といえるでしょう。よほどの不祥事でも起こさない限り、解雇（離婚）には至りません。

しかし、結婚というコミットメントには男女差があります。これが③です。婚姻届の提出や結婚式などの儀式は男女共通のイベントですが、改姓と寿退社はおもに女性にだけ要求されるコミットメントです。そのため、結婚後は男性が女性よりも優位に立ち、家事や育児をもっぱら妻が担当するという事態を招きやすくなります。ホールドアップ状態におかれた妻はそれになかなか対抗できません。

一般的にこうした夫婦間の問題はすべて「愛」が解決すると思われているようです。離婚するとき「愛がなくなった」などと言うカップルがいますね。でも「愛」はなくなるものなのでしょうか。離婚に至った原因は、そのカップルを結びつけていたはずの「愛」が実は自分のため（利己主義的）だったことが判明したからではないでしょうか。相手の喜ぶ姿を見て自分も喜びを感じるという利他主義的な「愛」があれば、必然的に相手のいやがる行為は慎《つつし》むはずです。そうすれば夫婦の信頼関係は維持されるでしょう。結婚相手として理想的な人はこの利他主義的な「愛」の持ち主といえるのではないでしょうか。

コラム　利他主義的応援のすすめ

かつて私のゼミに大学応援指導部チアリーダーの学生Kさんが在籍していたときのことです。Kさんから卒業論文で「応援」をテーマとしたいと申し出があり、どのようにアプローチすればいいか二人で考えました。そのときふと思いついたのが、応援の動機にも利己主義と利他主義があるのではないかということです。

話をわかりやすくするために、プロ野球の応援風景を頭に思い描いてみましょう。たとえば、贔屓《ひいき》チームの選手が二死満塁のチャンスに三振したとしましょう。そのときあなたならどのような反応をしますか?

もしその選手に向かって「バカヤロー」と怒鳴ったとすれば、それは利己主義的な応援です。なぜなら、ただでさえチャンスに三振して気落ちしている選手に罵声《ばせい》を浴びせれば、さらに落ち込むことは容易に想像できるからです。つまりこのような応援は相手のためにしているのではなく、自分の憂《う》さを晴らすのが目的と考えられます。

それでは利他主義的な応援はどのようなものでしょうか。それは、「次は頑張れ」ではないでしょうか。本当に選手のことを考えて応援しているならば少しでも傷が癒《い》えるような声かけになるはずです。ですから、選手に生卵を投げつけたり、水をかけたりするのは利己主義的応援と定義されます。

この点を踏まえて応援指導部の動きをよく観察すると、味方が得点をとられたり、エラーをしたりしたときこそ、応援席の学生に顔を上げてしっかり応援しようと呼びかけます。どんなケースでも笑顔を絶やしません。

つまり、応援指導部の役割は、グラウンドでプレーしている選手たちの立場に立って、学生たちに利他主義的な応援の仕方を指導することなのです。ですからグラウンドにメガホンを投げ込んだりすることはありえないのです。実際、Kさんをはじめ他のメンバーたちも、そうした応援を心がけているそうです。

では、応援指導部はなぜ利他主義的な応援をすることができるのでしょうか。

その理由は、自分たちもグラウンドの選手と同じくらい日頃から厳しいトレーニングと練習を積んでいるからです。だからこそ、練習を重ねて試合に臨んだ選手がチャンスに三振したときの無念さをよく理解できるのでしょう。つまり、「傷口に塩を塗る」に等しい罵声を浴びせることなどできないわけです。

ＷＢＣでエラーをした選手やサッカーワールドカップで活躍できなかった選手に舌打ちをしたくなる気持ちはわかりますが、その前にその選手たちが練習で流した汗や敗北の無念さを想像してあげてもいいかもしれませんね。

(注1) 以下は男性と女性によるカップルを前提にした記述になっていますが、これは同性のカップルを否定するものではありません。また、同性のカップルでも同様の理論的説明はあてはまると考えています。
(注2) A・ドゥネス、R・ローソン編著『結婚と離婚の法と経済学』(太田勝造監訳、木鐸社)の第2章「結婚：長期的契約」では、結婚とは結婚関係特殊的な資産への投資を促進するためとの説明がなされています。その資産の典型は子どもだとし、結婚によって夫婦の関係を強化することによって、安心して子どもという資産への投資ができると述べています。ただ、こうした考え方があてはまるのは、夫婦が子どもを育てたことから何らかの見返りを期待しているか、子どもの幸せを心から望んでいるかいずれかのケースでしょう。実際に、結婚を決意する段階

で、子どもを資産と考えているカップルがどのくらいいるかは疑問なしとはしません。この結婚関係特殊的資産というワードを用いるならば、男女の仲睦まじい関係そのものを無形資産と考え、それに投資しようとするカップルを支援するのが結婚という制度と考えるのが妥当といえるでしょう。

（注3）民法第750条「夫婦は、婚姻の際に定めるところに従い、夫又は妻の氏を称する。」

第2章

家族のガバナンス

第1章では、結婚によって恋愛中とは違ったさまざまなコストが発生することを説明しました。この章では、どんな小さな組織でも決して避けて通ることのできないガバナンスの問題について扱います。そこには家族ならではの難しさが垣間《かいま》見えてきます。

ガバナンスとは何か

ガバナンスとは、日本語で組織の統治と訳されます。統治というと堅苦しい表現ですが、簡単にいえば組織の目指すべき方向性を定め、そこから外《はず》れないようにチェックすることを意味します。

一人だけのときはこうした問題は発生しません。なぜなら、自分の方向性は自分で定め、その結果についても自分で責任をとるからです。ところが、複数で集団を形成したとたん、意見のすりあわせが必要となってきます。たとえば、旅行ひとつとってみても、一人で出かけるときはどこに行って何をしようと自分の思いのままですが、連れがいるときはそうはいきません。二人の意見が食い違ったときに組織としての意思決定が必要となるのです。

大企業のように組織自体の規模が大きく、そこに関わる人々の数が多くなってくると、関係者全員が集まって意思決定をするというのはほとんど不可能になります。そこで制度的にガバナンスの仕組みを作っておく必要が出てきます。そのさい、最も単純なガバナンスの手法は組織の所有者を決めるというやり方です。

第1章で取り上げたプロスポーツ選手タダシの例を用いて説明しましょう。この組織の収入は、タダシがスポーツ選手として活躍したことによって発生しますので、組織にとって最も重要な資産はタダシの体であり、その所有者はタダシ本人です。

したがって、料理人のアリスを雇《やと》った程度の組織の規模であれば、タダシ自身が組織の所有者となり、さらに意思決定を行ない、結果についても責任をとるという単純な形となります。タダシのようなケースを俗に、オーナー経営者といいます。権限が集中しているため、ガバナンスはさほど難しくありません。

しかし、スポーツ選手としてタダシの名前が売れ、マスコミから引っ張りだことなり、多忙を極めるようになってくると、自身による組織のマネージメントは難しくなってきます。料理人やトレーナーなどとの契約、従業員の勤務査定、給与支払いなどをすべてタダシが行なうことはできませんし、そのようなことにかまけて自身の体調管理を怠《おこた》ればすべてを失ってしまいます。

そこでタダシは自らが出資者となって株式会社を設立し、マネージメントに通じたナオミを連れてきて経営者にしようと考えました。ナオミの仕事は、組織の所有者であるタダシに代わり、この会社の資産価値を高めるべく組織の運営をすることです。

この場合もガバナンスはさほど難しくありません。なぜなら、会社の所有者はタダシだけですし、収入源もタダシですから、彼自身が一生懸命働けば組織の収入が増え、タダシ自身の所得も増えるからです。

ただ、ひとつ問題があるとすれば、それはタダシがナオミの仕事ぶりをしっかり管理できているかどうかという点です。たとえば、ナオミがタダシに隠れて取引業者からリベートを受け取っていたり、勝手に行なった資金運用に失敗して巨額の損失を出したりするケースです。このように経営者への監視が不十分なために発生する費用のことを「エージェンシー・コスト」と呼びます。

学校は所有者のいない組織(注1)

　このように所有者のいる組織では、組織の価値を高めるという明確な目標があるため、ガバナンスの問題はさほど深刻ではありません。(注2)しかし、実は私たちの社会には所有者のいない組織がたくさんあります。

　たとえば、学校法人には株主がいません。その理由は、こうした組織では、所有者が利益を懐《ふところ》に入れることに同意しない関係者が多数いるためです。

　一般の商品やサービスでは、消費者はそれらを購入する時点でその内容について納得しているため、不良品やまがい物をつかまされない限りは、会社がいくら儲《もう》けようと、株主に利益を分配しようと文句は言いません。

　その点、学校教育には多面的な要素が含まれているうえに教育効果が現われるまでに時間がかかるため、授業料を納めた時点で消費者が必ずしも納得しているわけでありません。もし、学校法人が利益を株主に分配したとすると、授業料を納めている生徒の親たちは「株主に配るほどの利益を出しているならもっと教育内容の充実に投資すべきだ」と学校に注文を付けるはずです。

したがって、学校法人には株主はおらず、代わりに理事たちが理事会を組織して意思決定を行なっています。ただ、株式会社と違って利益を上げるという明確な目標がないため、そこには組織の求心力となる理念が必要となります。それは、どのような学生を入学させ、どのような教育を施《ほどこ》し、どのような人間に育てて社会に送り出すかといったものです。

そうしたものがないと、教員は自分の好きなように授業をやり、保護者は自分勝手な要求をするようになり、学校と保護者の信頼関係が失われ、学校という組織が「糸の切れた凧《たこ》」の状態になってしまいます。

中等教育の現状を見てみると、私立学校の教育理念はおもに進学とスポーツという2つの軸から成り立っているようです。どちらかに特化しているところもあれば、生徒をはっきり二分して教育しているところもあります。有名大学への進学者が増えたり、競技大会で優秀な成績を収めたりすれば、生徒や保護者の満足度が高まると同時に学校の知名度が上がり、さらに入学希望者が増えるという好循環が生まれます。

つまり経営を安定化させるためのガバナンスの基本は、学校が掲げた教育理念を教育サービスの受け手である生徒たちとそのスポンサーである保護者の満足に結びつけられるかどうかにかかっているといえるでしょう。

抽象的な理念では、ガバナンスはうまくいかない

社会福祉法人など福祉系の法人もガバナンス不全のリスクに晒《さら》されています。たとえば、福祉施設のなかには、「ふれあい」「笑顔」「生き生き」などといった一見わかりやすいものの実は抽象的な理念を掲げているところがあります。こうした理念は曖《あい》昧《まい》なため、職員にとっていかようにも解釈ができてしまいます。

２０１３年に施行された障害者総合支援法のもとでは、社会福祉法人のミッションは障害者に少しでも自立した生活を送ってもらえるよう支援することです。これは民間の営利企業でいえば、株価を上げ利益を出すことに相当します。つまり、組織として存在する以上、当然クリアすべき目標といえます。

営利企業では、投資家による企業評価が株価に反映され、取締役会や株主総会で業績が定期的にチェックされます。これと同様に、社会福祉法人でも理事会や評議員会

でミッション遂行の確認がなされます。

ところが、明確に数字に表われる株価や利益とは異なり、障害者の自立達成度には個人によって差があり、客観的な評価基準がありません。そうなると、気づかないうちに、職員が自己都合を優先させて仕事をするようになるというリスクが生まれます。

たとえば、あまり無理して働かせなくても、利用者たちが毎日笑顔で元気に通ってきてくれたらそれでいいじゃないか、という感じです。いかにも障害者のためを思って言っているようですが、本音は自分たちが仕事の負担を減らし、楽をしたいだけかもしれません。でも理念が「何でもあり」なのですから、こうした職員たちの努力不足も正当化されてしまいます。

このようにガバナンス不全が起きると、福祉施設は障害者のためではなく、職員たちのための組織になってしまうのです。

自営業家族のガバナンス

それでは、ガバナンスの基本的な考え方を家族にも応用してみましょう。まず、個人商店のように家族が中心となって経済活動を営《いとな》んでいる家庭を考えましょう。もし株式会社の形をとっていれば、世帯主が筆頭株主であると同時に代表取締役会長兼社長で、その配偶者が代表取締役副社長、さらにこの夫婦の子どもが専務という感じでしょうか。

このように家族のメンバーが家業に関わっているところでは、家族内のガバナンスは比較的容易です。その理由は、メンバーの利害の方向性がほぼ一致しているためです。たとえば、繁忙期に入って家業のためにより多くの時間を割《さ》かなければならなくなったとき、個人的な都合を優先させるとは考えにくいでしょう。

たとえ仕事に直接関わっていない子どもだったとしても、家業が忙しいときは親の負担を軽くするよう進んで家事を手伝ったりするでしょう。なぜなら、子どもも家業のおかげで生活できていることを理解しているからです。

家業もビジネスである以上、意思決定がとても重要になります。速《すみ》やかに決定しないとチャンスを逃したり手遅れになったりします。そうならないよう、社長に強い権限を与えておくことは合理的です。したがって、ビジネスと生活の区別がつきにくい家業の場合、社長である世帯主（多くは父親でしょう）が家庭生活でもリーダーシップを発揮することになります。

1898年に施行された明治民法下の家父長制は、こうした家業のガバナンス形態を生活の場に持ち込んだものと解釈することができます。すなわち、生活を支える家業の責任者である最年長の男性が、そのまま家長となって家族内での意思決定の権限も持つというスタイルです。経済活動と生活が不可分となっているこうした家庭においては、これがきわめて合理的でシンプルなガバナンスの方法となります。（注3）

仕事と生活の分離がガバナンスに与える影響

経済成長に伴《ともな》い市場が拡大してくると、かつて自営業が多数派だった産業においても、資本を集めやすい大企業中心へと変化していきます。そして、働き手の職場は企業の工場やオフィスに移り、仕事と生活の分離がなされます。

この変化は家庭内のガバナンス構造を複雑にします。まず、仕事場が家庭から離れたことにより、家族が一体となって家計の収入を増やすために協力するという体制が崩れてきます。夫婦共働きの家庭であっても夫と妻の職場は別々なのが普通でしょうから、お互いに協力のしようがありません。専業主婦の家庭では、家事や子育ては妻に任された仕事となり、夫がそれに深く立ち入る機会は少なくなるでしょう。子どもにとっても親の職業は自分の生活に直接影響しない限り関心の外になります。(注4)

こうなると家族をまとめるための工夫が必要となってきます。以下ではいくつかの仮想的な家族像をとりあげながらそのガバナンスについて説明していきます。

事例1——ある共働きサラリーマン家庭の風景

山田さんのお宅は夫婦共働きです。夫ヒロシは35歳で妻ユリは30歳、知人の紹介で知り合って結婚してから3年が経《た》ち、そろそろ子どもをどうしようか考え始めています。二人とも子どもは好きなので作ること自体には賛成なのですが、問題は出産・子育てと仕事との両立です。

幸いにしてユリの勤める会社は女性社員の出産に理解があり、産休や育休後もほぼ同じ仕事に戻れるよう配慮がなされています。でもユリは自分のキャリア形成を考えると、あまり長期間仕事から離れることを望んでおらず、産休後は子どもを保育所に預け、その送り迎えはヒロシと分担したいと考えています。

他方、ヒロシは子どもの成長にとっては可能な限り長く母親と一緒の時間を作ることが望ましいと考えていて、できればユリに1年間の育休も取得してほしいと願っています。

こんな二人が話し合いを重ねてたどり着いた妥協点は、ユリとヒロシが育休を半年ずつ取得して子どもが1歳になるまでは育児を分担し、そのあと保育所に預けるものの、3歳までは二人ともできる限り残業やアフターファイブのイベントへの参加を減らして、子どもと過ごす時間を増やすというものでした。子どもが病気になったときは、二人で協力して対応するということで意見が一致しました。

さて、子どもが6歳になったとき、ヒロシにシンガポール支店への赴任《ふにん》の話が持ち上がります。一方、そのころのユリは以前ほど子どもに手がかからなくなり仕事にやりがいを見出《みいだ》し始めていたところでした。もしヒロシに付いていくとなると、今の仕事を辞めなければなりません。

そこで二人は再び話し合います。その結果、ヒロシはシンガポールに単身赴任し、ユリは自分の実家から会社に通うこととし、子どもはユリの両親に預けるという結論に至りました。そして夏休み休暇にはユリが子どもを連れてシンガポールを訪れる一方、正月にはヒロシが帰国してユリの実家で過ごすということになりました。

３年のシンガポール勤務を終えて日本に戻ったヒロシは、そろそろ住環境のよい東京近郊にマンションを購入してはどうかと考えていました。ユリも賛成しますが、二人の財産を合わせても20年ローンを組む必要が出てきます。これでは二人が退職するまでローン返済を続けなければなりません。

この状況を見かねたユリの父親が頭金になんと１０００万円もの贈与をしてくれました。これによりローンは大幅に減額され、ヒロシとユリは無事に家族３人で過ごす家を持つことができました。

事例2――ある専業主婦家庭の風景

川田さんのお宅は、サラリーマンの夫カズオ（34歳）、専業主婦のエミコ（31歳）、長女エリ（6歳）、長男ツヨシ（4歳）の4人家族です。エミコは短大卒業後、銀行の一般職として働いていましたが、職場で知り合ったカズオと結婚したのを機に退社し、専業主婦になりました。

結婚して2年後に長女が生まれ、さらに1年おいて長男をもうけました。カズオは仕事が忙しく、結婚してからというもの、ほぼ毎晩10時前に帰宅したためしがありません。特に東京郊外の支店勤務になってからは、休日も取引先の結婚式や接待ゴルフなどで出かける始末です。当然、家事と育児はもちろん、家計のやりくりもすべてエミコ任せです。

こうなると、一家の大黒柱よろしくカズオがいくら一生懸命働いても肝心の家庭生活における存在感は薄くなります。なにしろ、エミコがいなければ冷蔵庫に何が入っているかもわからず、キャッシュカードの暗証番号すら思い出せないのですから。

ただ、エミコも家庭内で父親の影があまりに薄いことを気にしていました。なぜなら翌年、長女エリが有名私立大学の附属小学校を受験するからです。入学審査には両親の面接もあり、父親が子どもの教育に無関心なことがわかると減点の対象となってしまいます。そこでエミコはカズオを説得し、週末はなるべく娘と一緒に過ごすように働きかけ、幼稚園の運動会などの行事にも無理やり引っ張り出すよう心がけました。

エミコが専業主婦として家庭を守ってくれたおかげもあり、カズオは社内での評価も上々で順調に出世していきます。カズオが2年間のニューヨーク勤務を命じられたときも、エミコは子どもを連れて同行し、慣れない土地で家族の生活を支えました。そして、帰国したカズオは45歳の若さで本店の部長に抜擢《ばってき》されます。

そのころエミコの両親から、都内の実家を二世帯住宅に改築するので引っ越してこないかと提案されます。エミコには兄弟がおらず、カズオが地方出身だったこともあってこの話はとんとん拍子に進みます。

結局、家の改築費用はすべてカズオとエミコが負担し、建物をカズオ名義にすることで同意に至りました。土地を購入する必要がなかったため、彼らは借金をすることなくマイホームを手に入れることができました。

両家のガバナンス構造を考える

夫婦共働きの山田さん一家では、家族の重要な決めごとのさいに必ず夫婦が話し合いを行なっている様子が見られます。夫あるいは妻のいずれかに強いガバナンス権限が与えられているわけではありません。夫婦の利害が衝突したとき、どちらかが一方的に相手の要求をのむということはなく、その中間点を探るための努力をしています。

他方、川田さん一家は、夫婦がほぼ完全な分業体制を敷いています。夫はもっぱら収入を稼ぐ役割を果たし、妻は家庭生活全般を仕切ります。したがって、家族のガバナンスという観点からいえば、妻のほうにより大きな権限が与えられていると判断できます。

もちろん、家計の収入源としての夫の役割は大きいのですが、妻は快適な家庭環境を維持することにより夫に働くインセンティブを与えているという点で、その家庭内での影響力は絶大です。それに拍車をかけたのが実家を二世帯住宅に改築したことです。現在は親の財産となっている土地ですが、いずれは一人娘のエミコに相続されるわけですから、資産提供者でもある妻のガバナンス権限はより強化されます。

仮想的な2例を挙げてみましたが、ここでのポイントはどちらの家族が望ましいかということではありません。家族構成によってガバナンスのあり方が異なってくるという点です。重要なことはガバナンスがうまく機能しているかどうかです。それはどのように評価されるべきなのでしょうか。

事例3——ある現代的な家庭の風景

夫は45歳の会社員、妻は42歳の専業主婦で、子どもは14歳の中学生というある家庭を想定してみましょう。夫は仕事熱心で給与は全額家計に入れますが、家事、子育てには無関心でほとんど家庭を顧《かえり》みません。妻は子どもの受験に夢中で小学4年生から学習塾に通わせ、その甲斐もあって昨年私立の中高一貫校に合格しました。

夫の帰宅時間は遅く、週末は家でゴロゴロしているか趣味の釣りに出かけるかのいずれかで、妻は子どもの学校の保護者会の幹事を引き受けたため、毎日のように母親たちの集まりに出かけていきます。子どもは運動部に入り、日々練習に明け暮れています。

朝は子どもが早朝練習に出かけた後で夫が起きてくるというパターン、一方、夜は夫が深夜になって帰ることが多いため、3人そろって食事をする機会はほとんどありません。子どもは夕食が済むとさっさと自分の部屋に入ってしまい、父親が深夜に帰宅しても部屋から出てくることはありません。保護者会の集まりが夜にかかることもあるため、そのときは母親が昼間に作り置きした食事を電子レンジで温めて食べてもらうこともしばしばです。テレビ番組も3人の好みが違うため、まず一緒に見るということはありません。

あるとき、珍しく夫が夏休みに家族旅行でもしないかと持ちかけました。しかし、妻は今年から習い始めたダンスを集中的に練習したいので乗り気ではなく、子どもも部活動の合宿とぶつかっているのでそちらを優先ということで話がまとまりません。また、あるときは妻が子どもの部活動の試合を応援しに行かないかと夫に声をかけますが、ちょうど出張と重なってしまい行かれません。

そうこうしているうちに、大学受験期を迎えた子どもは自分で選んだ地方の国立大学に合格し、家を出て行きました。そのころ50歳を迎えた夫は関連会社への転出を命じられ、以前よりも仕事は減り、家にいる時間が長くなります。一方、妻はダンス教室の仲間たちと会食をしたり旅行に出かけたりと忙しいため、家にいる夫にはかまっていられません。

大学を卒業した子どもは地方公務員試験に合格し、実家から遠く離れた県の役所で働くことになりました。はじめは実家に戻って就職も考えたらしいのですが、大学時代から付き合い始めたガールフレンドに誘われ、彼女の地元で働くことを望んだようです。

文明の利器が生活を変える

最後に登場した家庭は、メンバーそれぞれが独立した行動をとっている点で特徴があります。ガバナンスに失敗しているわけではありませんが、メンバー同士のつながりという点では前の例よりも弱くなっています。したがって、家族全体として何らかの意思決定をしようとすると問題が生じてきます。

ここで考えておかなければならないのは、こうした家族像をもたらした背景として、メンバー自体の性格や考え方よりも、社会環境の変化のほうに着目すべきではないかという点です。経済成長に伴って私たちの生活に浸透してきた文明の利器にこそ、真の原因があるというのがここでのポイントです。

たとえばキッチンの家電製品を考えてみましょう。まず、冷蔵庫がなかった時代、夏季には食材や調理品の保存が利《き》きにくいため、必然的に家族は同じ時間にそろって食事をとる必要がありました。ところが冷蔵庫の登場により、必要に応じた調理が可能になり、また調理したものを保存しておけるようになりました。

つまり家族がそろわなくても食事ができるようになったのです。それでも調理や温め直しのためには人力が必要なため、食事の回数が増えた分だけ専業主婦としての妻の負担は重くなりました。

この不便さを劇的に解消したのが電子レンジです。この製品は火を使わず加熱できるため、台所仕事の不慣れな人や子どもでも冷蔵庫の作り置きを簡単にチンして食べることができます。また、スーパーやコンビニなどで惣菜《そうざい》や弁当を買ってくれば、母親の手を煩《わずら》わすことなく、誰でも手軽に家庭で食事をすることが可能になったのです。

このように冷蔵庫と電子レンジの導入により、家族が食事のために同じ時間に集まることの技術的な必然性は失われました。これは一家団欒《だんらん》の機会がそれだけ減ったことを意味します。

家庭用ビデオデッキとウォークマンの登場

「ALWAYS三丁目の夕日」という映画には、プロレスラー力道山《りきどうざん》の活躍を見ようと隣近所の人たちがテレビのある家に集まるシーンがあります。当時、高価なテレビはまだ各家庭に普及しておらず、テレビを持っていない人は街頭やお金持ちの家に行ってテレビを見ていました。

昭和30年代に入ると冷蔵庫、洗濯機とならんで白黒テレビが普及し始めますが、それでも各家庭にはまだ1台の時代です。テレビは家族の共有物でした。1966年から80年まで続いたTBS系列「家族そろって歌合戦」は、家族全員がテレビの前に座るという習慣を前提にした番組の典型例といえます。

こうした習慣を変えたのが家庭用ビデオデッキです。番組録画が容易になったことで、家族は自分の好きな番組を好きな時間に見ることができるようになりました。また、映画などもレンタルビデオ店でテープを借りてくれば時間があるときいつでも見られます。こうなると、茶の間からテレビの音が聞こえてきて、それを合図に家族が集まってくるといった光景は少なくなっていきます。つまりテレビ番組視聴の個人化が進んだのです。

これと同じ現象が音楽にも起きました。それを可能にしたのはソニーの伝説的ヒット商品、ウォークマンです。カセットテープに自分の好きな音楽を録音し、それを持ち歩いて好きなときに聴けるようになりました。

戦後まもない日本においては、いわゆる大衆音楽は国民全体の共有物でした。1940年代後半、敗戦の痛手から立ち直ろうともがいていた国民が、街頭のラジオから流れてくる笠置《かさぎ》シヅ子の「東京ブギウギ」や藤山一郎《ふじやまいちろう》の「青い山脈」に元気づけられたという話はよく聞きます。

高度成長を経たあとも、ウォークマンが登場するまでは、私たちは音楽が聴きたいときにはレコードを買ってきて家のステレオでかけるしかなく、必然的に家族全員がその音楽をシェアする形になっていました。そのため、テレビ局もそうしたニーズに応《こた》えて歌謡番組を放送し、家族がそろって同じ音楽を聴いていました。国民的ヒット曲はこうして生まれ、その集大成がＴＢＳ「レコード大賞」であり、１年間のヒット曲をおさらいする大晦日のＮＨＫ「紅白歌合戦」だったわけです。

ところがウォークマンによって音楽の個人化が可能になると、それを反映して音楽ジャンルの多様化が一気に進んでいきます。食べ物の好みにばらつきがあるように、音楽にも年齢や世代を反映したバラエティがあって当然です。カセットデッキの小型化技術と画期的な製品コンセプトが新しい市場を開拓したのです。

このように、映像も音楽も個人化が進めば、一家団欒のきっかけはどんどん失われていきます。価値観が共有できていないため、集まっても話が噛《か》み合いません。こうして家族のまとまりは弱体化していくのです。

携帯電話とスマホによる情報の個人化

私が大学生のころ、当時付き合っていたガールフレンド（現在の妻です、念のため）とデートの約束を取り付けようと家に電話をかけたところ、電話口に彼女の母親とおぼしき女性が出てきて、「ウチの娘に何の御用？」みたいな警戒感満載の口調で応対されて閉口した覚えがあります。

携帯電話が普及した現在では想像できないと思いますが、固定電話のみの時代、子どもの交友関係に関する情報は親にほぼ筒抜けでした。Eメールがないころはメッセージを伝える手段は手紙しかありませんでしたが、それも家族共通の郵便受けに配達されるので、親に中身は見られずとも誰から届いたかはわかってしまいます。子どもにとってはプライバシーがほとんどない困った事態だったのですが、その代わり親はコストをかけずに子どもの状況を把握することができました。

小学生ですら携帯電話を持ち歩く今の時代、子どもは自分たちの独自のネットワークを築き上げ、親の監視から逃れて自由に情報交換することができるようになりました。それがＬＩＮＥ（ライン）などのＳＮＳと呼ばれるもので、限られたメンバーによる情報の囲い込みです。なかで何が行なわれているか外からは把握できないため、イジメなどの問題の発見は難しくなります。

家庭内でも個人のプライバシーは尊重されるべきだとは思います。ただ、その範囲をどこまでに設定するかは難しい問題でしょう。携帯電話やスマホがない時代はそもそも情報を隠すことができなかったため、プライバシーの範囲は狭く設定されていました。かつて日本の住宅事情がまだ悪かった時代、家族は狭い家の中でひとつの部屋をシェアして暮らし、個人の空間などはなきに等しいものでした。いいか悪いかは別として、家族がお互いの情報を共有せざるを得なかったのです。

経済成長によって私たちの暮らし向きが向上し、子どもが自分の部屋を持ち、情報端末で自由に情報交換ができるようになると、プライバシーの範囲は拡大し、携帯の着信記録やアドレス帳もプライバシーの範囲内に入ってきます。家族がお互いをよく知ろうとすることは、プライバシーの侵害にもなりかねないのです。

便利さがガバナンスに与える影響

「必要は発明の母」といいますが、文明の利器が誕生した背景には私たちの生活改善へのニーズがあります。そのなかには、自分の好きなときに好きなことをしたい、人間関係の煩わしさを解消したいという欲求も含まれるでしょう。

第1章で述べたように、結婚は共同生活を基本としているので、個人の自由は制限されて当然です。しかし、ときに煩わしさを感じても、家族は時間や空間の共有を通じてお互いをよく知り、価値観を共有しているのです。

本章で紹介した電気製品は、それまで家族が共有してきた時間や空間を個人の所有物に分断する働きをしました。その利便性を否定するつもりはありませんが、私たちはそれが家族のあり方にどう影響を与えてきたのか、理解しておかなければなりません。特に重要な点は家族としてのまとまり、すなわちガバナンスへの影響です。

本章のはじめに非営利組織には求心力の働きをする理念が必要だと述べました。理念を具体化し、メンバーに対してそれに基づいて努力を促《うなが》すしくみがないと、組織は糸の切れた凧のようにさまよい、どこに向かって活動しているかわからなくなってしまいます。

家族で自営業を営んでいる家庭や、歌舞伎のように血統によって仕事が受け継がれていく家庭では、家族としての理念や目標がはっきりしています。しかし、一般のサラリーマン家庭では家族のメンバーそれぞれに仕事や生きがいがあり、それをひとつにまとめることは容易ではありません。

特に家族において注意が必要なのは、抽象的な理念の存在が家族の行動を縛《しば》り、ガバナンスの失敗を覆《おお》い隠してしまうリスクです。そうした理念の代表格は「愛」です。結婚披露宴で挨拶《あいさつ》に立った新郎新婦は口をそろえて「愛情溢れる家庭を築きたい」と宣言します。あの場面ではそう言わざるを得ないのでしょうが、実際、どういったものが「愛情溢れる家庭」なのかは誰もわかりません。

本章のはじめのほうで福祉施設のガバナンスの困難さについて触れましたが、同じことが家庭にもあてはまります。

たとえば、妻の家事労働や親の介護など対価の支払われないボランティア活動が「愛」の名のもとに半ば強制され、その負担の重さに耐えかねて放棄すればそれは

「愛」の欠如だと非難されてしまいます。また、親から子どもへの厳しすぎる躾や過度の干渉も、愛情表現のひとつだとして正当化されてしまうのです。

ガバナンスをどこでチェックするか

それでは一般の家庭でガバナンスがうまくいっているかどうかは、どこで見分ければいいのでしょうか。私は家族の共有財産の保全状況に着目すべきだと考えています。その理由は、家族としてまとまっておらず、各メンバーが自分の利益のみを追求すると、第1章で述べた「共有地の悲劇」が起きるからです。

共有財産の代表格は何といっても快適な住まいでしょう。特に重要なのは家族で共有するリビングルームです。家族メンバー相互の理解が十分深まっていれば、皆でシェアする場所は自然と居心地のよい空間になるはずだからです。他には、トイレや風呂などの共有部がきれいに片付いているかどうかも注目すべき点です。

もうひとつの共有財産は子どもです。「子はかすがい」とも言われるように、子どものの存在は家族を結束させるひとつの要素になります。また、家族の関係がうまくいっていないと、子どもへの虐待や引きこもりなどの問題が起きることもあります。ですから子どもの順調な成長は、家族のガバナンスがうまくいっている証拠のひとつになるでしょう。

しかし、子どもにも自分の意思がありますから、いつまでも親の希望通り「かすがい」の役割を果たしてくれるとは限りません。子ども部屋を与えられ、携帯電話を持つようになれば、親との間に距離が生まれていきます。そうなっても親とのコミュニケーションが十分にとれていれば、ガバナンス上の問題は起きていないと判断していいでしょう。

コラム 「慶應社中」のガバナンス

学校法人・慶應義塾には、OBたちからの寄付金がたくさん集まるという特徴があります。実際、2008年の創立150周年では250億円の寄付があったそうで、寄付集めに四苦八苦する他の私学からは垂涎《すいぜん》の的《まと》のようです。そうした愛校心（愛塾心）の背景にあるのが慶應の卒業生からなる三田《みた》会という名の組織で、同じ大学で学び価値観を共有する仲間として「慶應社中」とも称されています。

非営利組織で寄付提供者の発言力が強くなるのはよくあることです。寄付が貴重な収入源になっていれば、その意見を無視できなくなるのは当然でしょう。慶應の場合、学校法人本体だけでなく、体育会やサークルなどにも三田会があり、OBらが「カネも出すし口も出す」といった感じで、現役生の活動を支援するとともに活動内容のチェックも行なっています。

こうしたＯＢによるガバナンスの最大のメリットは、大学当局による学生の課外活動監視コストを大幅に削減できることです。なにしろＯＢには愛校心がありますから、大学にとってマイナスになることをやるはずはありません。学生たちのパフォーマンス向上や不祥事の防止などを安心して任せることができるのです。

しかし、これにはマイナス面もあります。それは組織運営においてＯＢの力が強くなりすぎることです。

サークルによっては、部員数の減少によるパフォーマンスの低下をＯＢの人的／経済的支援で支え続けているところもあります。その理由は歴史と伝統の維持ということなのでしょうが、部員の減少は世の中の移り変わりの反映でもあります。活動内容を時代に適合した形に変えるなり、適切なスクラップ・アンド・ビルドをするなり、何らかの変革は必要でしょう。過去の栄光を失いたくないという気持ちは理解できますが、ＯＢが過度に関与するならそれはもはや現役生のためのサークルとはいえません。

少子社会の影響から、大学経営は今後一層の厳しさを増していくことが予想されます。一部の有名大学では、国内のマーケットに見切りをつけ、優秀な外国人留学生の受け入れを強化する動きも出てきています。また、日本の高校生も卒業時点で海外留学を目指す者が年々増えてきています。大学も国際競争の時代になったのです。

こうした大きな転換点において、内部の結束を高める「社中」的な強みをいかに競争に打ち勝つための経営手法に反映できるか、この点が慶應義塾の課題といえるのではないでしょうか。

（注1）非営利組織のガバナンスについての詳細は、拙著『こうして組織は腐敗する』（中公新書ラクレ）を参照してください。

（注2）大企業の場合では、組織の規模が大きいことからエージェンシー・コストも高くなってきます。すなわち、取締役らが自分たちにとって不都合な情報を株主総会に挙げなかったり、執行役員が取締役会に虚偽の報告をしたり、従業員が現場でサボタージュしているのを経営者が知らなかったりするといったケースです。しかし、組織の

所有者が株主であり、株主の利害は会社の経済的価値を高める（株価を高める）ということでほぼ一致しているわけですから、組織があらぬ方向へ行くことは制度的に回避されています。そして、組織の価値自体がマイナスになれば（債務超過になれば）、株式が紙くずとなって株主が責任をとることになります。

（注3）業種によっては女性が個人業主として代表者（所有者）になっているケースもあります。たとえば、生産現場の総監督（女将）が代表取締役社長を兼ねている旅館などがそれに当たります。

（注4）同じ給与所得者でもスポーツ選手の場合は、食生活など家庭環境のパフォーマンスへの影響が大きく、しかもその成果が試合などを通じてはっきりわかるので、家族の協力体制が組み立てやすくなります。

第3章

夫婦関係をよく保つには

第1章でも述べましたが、結婚の最大の特徴は時間、空間、財産など多くのものが夫婦で共有されるという点です。このことによって、恋愛中には見えていなかった男女間のさまざまな問題が顕在化してきます。この章ではこうした問題について具体的な例を交《まじ》えて説明しながら、夫婦がいい関係を保つための処方箋《せん》を提示してみたいと思います。(注1)

あなたの夫は「利己主義」か、「利他主義」か

あなたが第2章に登場した山田さん一家のユリと同じ立場だとしましょう。30歳の会社勤めの既婚女性で子どもはまだいません。家事は夫と分担で行ない、夕飯は交代で支度をするという決まりにしています。

夕飯の当番になっていたある日のこと、早めに仕事を切り上げてオフィスを出ようとしていたあなたは上司に呼び止められます。そして、「取引先との急な商談があり、これから食事をしながら打ち合わせをしなければならない。この商談は君に担当させたいので同席してもらえないか」と言われたとします。

あなたはこの日の夕飯の担当になっていることが気にはなりましたが、自分のキャリアを考えるととても断われませんので、とりあえず夫にはメールで「今晩は仕事で遅くなる、ゴメン」とだけ伝え、会食に同席しました。

あなたはそこでその商談の担当を任されたことが異例の抜擢《ばってき》であることを知ります。これまでコツコツと地道にこなしてきた仕事の成果を、上司はしっかり評価してくれていたのです。会食を終えたあとも、上司からの信頼を得たことのうれしさと、仕事のやりがいを思い描いたときの興奮を抑えきれず、ウキウキしながら帰宅しました。

さて、家であなたを待っていた夫はどのようにあなたを迎えたのでしょうか。この迎え方にこそ夫の本性が現われます。

もし、担当の夕飯を作らず遅く帰宅したあなたに対して、「こんな遅くまで何をしていたんだ。俺はいままでずっと腹を空《す》かせて待っていたんだぞ！」と怒りをぶつけたとしたら、その夫は明らかに利己主義的です。なぜなら、あなたのうれしそうな表情などは眼中になく、自分の満足のことしか考えていないからです。

一方、「そんな商談を任されるなんてすごいじゃないか。飯のことなんてどうでもいいからとっておきのシャンパンでも開けて乾杯しよう」と一緒に喜んでくれる夫は利他主義的といえます。なぜなら、妻のウキウキした姿を見て自分も同じようにうれしくなってしまう人だからです。

あなたの夫はどちらでしょうか。この判定はとても重要です。なぜならそれによって今後の対処の仕方が変わってくるからです。

利己主義的な夫とのつきあい方

利己的な夫に共感は期待できませんので、つきあい方の原則は、夫が利己的に行動することで妻も幸せになれるようなしくみを作ることです。

たとえば、共通の趣味を作って二人で楽しむようにしたらどうでしょうか。新たに作るのが難しければ、自分の趣味に相手を巻き込む、相手の趣味に自分を合わせることでもいいと思います。そうすれば、共通の話題もできますし、夫が楽しんでいるときは自分も楽しいので結果的に共感していることと同じになります。

利己主義の夫を持つことの最大の問題は、家庭内「共有地の悲劇」が起こりやすいことです。家事や育児といった夫婦共通の課題に無関心で、妻の労力にただ乗り（フリーライド）してきます。

そこでこうした夫に対しては、あらかじめ（できれば結婚前に）ルールを決めておく必要があります。たとえば、第2章の山田さん一家のように、育休を半年ずつとるなど、妻だけに負担が偏《かたよ》りすぎないようにしておきます。

ただここで重要になるのは、こうした決めごとをいかに相手に守らせるかという点です。結婚前にいくら固く誓わせたとしても、何の法的な拘束力もありませんから、利己主義的な夫なら平然とルール破りをする可能性が出てきます。第1章で述べたように、結婚に際しては法的に女性のほうがより強いコミットメントを求められているからです。

そのためには、夫に対して「ルールを守ってね」などという単なる口約束ではなく、より「信憑《しんぴょう》性のある脅《おど》し」をかけておかなければなりません。その基本的な考え方は、「離婚のコストを下げておく」ということです。そうすれば夫も別れ話を切り出されないよう自分勝手な行動を慎《つつし》むようになるでしょう。

妻にとって、離婚するうえでの最大のコストは経済的自立の確保です。結婚や出産を機に仕事を辞める女性は多いと思いますが、一旦辞めてしまうと復職が難しいため、経済面を考えたときに離婚を切り出しにくいのは否定できないところです。

それを知っている利己的な夫は、妻に無理難題を押しつけてくる可能性が高くなります。そんなとき仕事を続けていれば、離婚するさいの経済的リスクは大幅に軽減されるでしょう。

他には、結婚しても職場での姓を変えないという方法もあります。少なくとも仕事上のつきあいにおいて、結婚しているかどうかの影響をなるべく小さくしておくのです。できれば財産も夫婦別々にして管理しておいたほうがいいかもしれません。

私の知っているある夫婦は、財布を夫婦共通のものと個別のものに分けています。それぞれが決められた額を共通の財布に拠出し、子どもの養育費、家賃、家族旅行の費用などに充《あ》てます。残りは各自が個人的な娯楽や趣味のために使うもよし、貯金するもよしというわけです。

このように説明していくと、あまりにクールで冷たい、愛情のかけらも感じられないという不満の声が聞こえてきそうです。

しかし、「好き」という気持ちがあることと夫婦という最小単位の組織をうまく運営することは別に考えるべきです。利己主義的な夫のことが好きになってしまったら、「好き」という何ものにも代えがたい大切な気持ちを汚さないためにこそ工夫が必要なのです。

夫婦の会話はなぜうまく噛《か》み合わないのか

夫婦のいい関係を維持するうえで会話はとても重要です。しかし、いろいろな夫婦の話を聞いてみると、どうも会話がうまく成立していない印象を受けます。その原因はいったいどこにあるのでしょうか。

問題解明のヒントをもらったのは、今から8年ほど前に子どもが解いている中学受験の国語の試験問題を何気なく見ていたときのことです。私は、問題のもとになっている引用文には大きく2種類あることに気づきました。

ひとつは、児童文学や小説からの引用によるもので、主人公の体験や心の葛藤《かっとう》などをきめ細かく描いたいわゆる「物語文」です。そしてもうひとつは、物事の是非を論じたり解説したりする「論説文」です。

小説などの物語文の目的のひとつは、読者に感情移入させることでしょう。読者は自分を物語の登場人物に投影させ、感情の起伏《きふく》を楽しむのです。主人公が涙すれば、自分も同じように涙し、主人公が成功を収めればそれを自分のことのように喜ぶ、そして読み終わったあとに深い感動に包まれる、これが物語文の醍醐味《だいごみ》です。

したがって、物語文を題材にした国語の試験問題は、「ここで○○君が涙を流したわけは次のうちどれですか」とか「ここでの○○さんの気持ちを次の中から選びなさい」といった感じになります。

他方、論説文の目的は、著者の考えを読者に伝え、読者を説得することです。そこで重視されるのは著者の論理構成であり、説得のテクニックでしょう。論説文の中にはあえて難しい言葉遣《づか》いや難解な表現を用いた悪文もあって、読者を手こずらせます。

こうした論説文を問題文にした場合、設問としては「著者の言いたいことは次のうちどれか」だったり、論理構成の理解を確認するため接続詞を選ばせる問題だったりします。出題者は解答者の理解度を問うているのです。

私は遊び半分でこれらの問題を試しに解いてみたのですが、どうも論説文に比べて物語文の出来がよくないのです。その理由はどこにあったのでしょうか。

それは私の物語文の読み方に原因がありました。つまり、出題の意図に反していたのです。先にも述べたように、物語文は読者を物語の中に引きずり込むのが目的ですから、問題に解答するときにも主人公と同じ気持ちになって考えなければなりません。

ところが私は「〇〇君が涙を流す理由」を答える前に、引用文を読みながら「こんなところで〇〇君が涙を流すのは理解できない」とか「泣く前にもっとやるべきことがあるのではないか」などと考えてしまうのです。これでは出題者が求める解答が導き出せなくて当然です。

こうして私は、国語の試験問題を通じて物語文を論説文的に読むことの失敗を学んだのです。

「で、結論はなに？」

２００７年4月21日付けの『日本経済新聞』に「夫に言われて傷ついた一言」という特集記事が掲載されました。その第９位に「で、結論はなに？」という一言がランクインしています。記事によると、「男性は報告や結論を求めて話すが、女性は過程に重点を置くので結論はなくてもよいことが多い」ことがその一言の原因と書かれていました。

この説明をさらに掘り下げると、先の物語文と論説文の違いに行き着くと思います。話し手が男性か女性かはさておき、基本的に物語文には結論はありません。その理由は明らかです。なぜなら、結論を聞き手に伝えるのが目的ではないからです。

物語文では、話し手は聞き手に自分と同じ気持ちになって話に共感してほしいと願っているのです。別に結論を相手に伝え、その論理をめぐって聞き手とディスカッションしたいわけではありません。

たとえば、妻が子育てをめぐって夫の母親（姑《しゅうとめ》）から、「もっと勉強させなさい」とか「あまりお菓子ばかり食べさせないように」などとあれこれ注文をつけられたとしましょう。それが仮に正しいことであっても、いや正しいことであればこそ妻は、「そんなことは言われなくてもわかっているわ！」「わかっていてもうまくいかないのが子育てなのよ！」と腹立たしさを感じるかもしれません。

さて妻はそうした鬱憤《うっぷん》を仕事から帰宅した夫にぶつけるでしょう。「今日、お義母《かあ》さんから電話があったのよ」「〇〇（子どもの名前）のことでいろいろ説教されちゃったわ」「そんなこと言われなくてもわかっているんだけど」等々、妻の話は延々と続きます。

さて、話を聞いていた夫は終わりの見えない妻の話にしびれを切らし、内容が一段落した頃合いを見計らって「で、結論はなに？」の一言を発するのです。

話している妻にしてみれば、聞き手に伝えたい結論めいたものがあるわけではなく、夫に自分のやるせない気持ちをわかってほしい、共感してほしいという一心ではないでしょうか。これは典型的な物語文です。

他方、夫はいつまでたっても妻の言いたいことが見えてこないので「早く結論を話してくれよ」ということになります。つまり、このよくある夫婦の食い違いは、妻の物語文を夫が論説文として聞いてしまったことに最大の原因があると解釈すべきなのです。

妻との会話に失敗しないための方法

この点について、私の家ではどのような夫婦の会話になっているかをご紹介しておきましょう。私は経済学者ですので、日頃から接するのはどうしても論説文が多くなります。そのため、妻の話が物語文であったときの対応がまずく、そのことが原因となってこれまで幾度となく失敗を重ねてきました。

ところが、先に述べたような物語文と論説文の違いを解明し、その正しい聞き方について夫婦で理解を深めてからはこの手のトラブルは一切なくなりました。

たとえば、これから話す内容が論説文であったときには、「結論から先に言うけど」と話すようにします。論説文の場合、長々と経過を話すと聞き手をイライラさせることがありますので、これは事前の対処となります。

他方、聞き手に共感してほしい話のときには、「物語文だけどね」と最初に断わってから話を始めます。もちろん、そんなことを言われなくても聞き手が察知すればいいのですが、話し手サイドにもちょっとした工夫があれば、よけいな摩擦を防ぐことができます。

ここで避けなければならないのは、物語文であるにもかかわらず結論は何かと考えながら聞いてしまうことです。なぜなら、このような聞き方をすると、話の途中を聞き流してしまうことがよくあるからです。

聞き手にしてみれば知りたいのは結論なので、途中のプロセスはどうでもいいと思ってしまいます。ところが、話し手はプロセスこそ注意深く聞いてもらい、感情移入してほしいわけです。

他のことを考えながらいい加減に肯《うなず》いていたりすると、「あなた、聞いてないでしょ」「いまわたしが何て言ったか言ってみて」と質問され、険悪ムードになります。

もっとも物語文を話すのであれば、話し手には聞き手を惹《ひ》きつけ飽きさせないだけの表現力も要求されると思いますけれど。

妻がオバサン化する原因

綾小路《あやのこうじ》きみまろ氏の漫談に登場する「あれから40年」のネタをご存知の方は多いでしょう。長く暮らすうちに、新婚当初の初々《ういうい》しさや恥じらいなどは消え失《う》せ、「顔は皺《しわ》とシミのスクランブル交差点」で、「おなかは季節外れの鏡餅」となり、「ボディースーツ、脱いだ瞬間痒《かゆ》くなる」と毒舌満載で観客を笑わせます。このような状態になることを俗に、妻の「オバサン化」といいます。

第1章で述べたように、結婚のメリットは別れのコストを増加させることによりカップルの関係を安定化させるということでした。ところが実はこれが諸刃《もろは》の剣となります。すなわち、安定した関係は夫婦間の緊張感を失わせ、マンネリ化をもたらすというリスクを孕《はら》んでいます。そこで私が2007年に著した『オバサンの経済学』を参考にしながら、妻になった女性がオバサン化する原因について考えてみましょう。

まず、次ページの図をご覧ください。これは年齢に伴《ともな》う女性ホルモンの分泌の変

女性ホルモン（エストロゲン）分泌量の変化

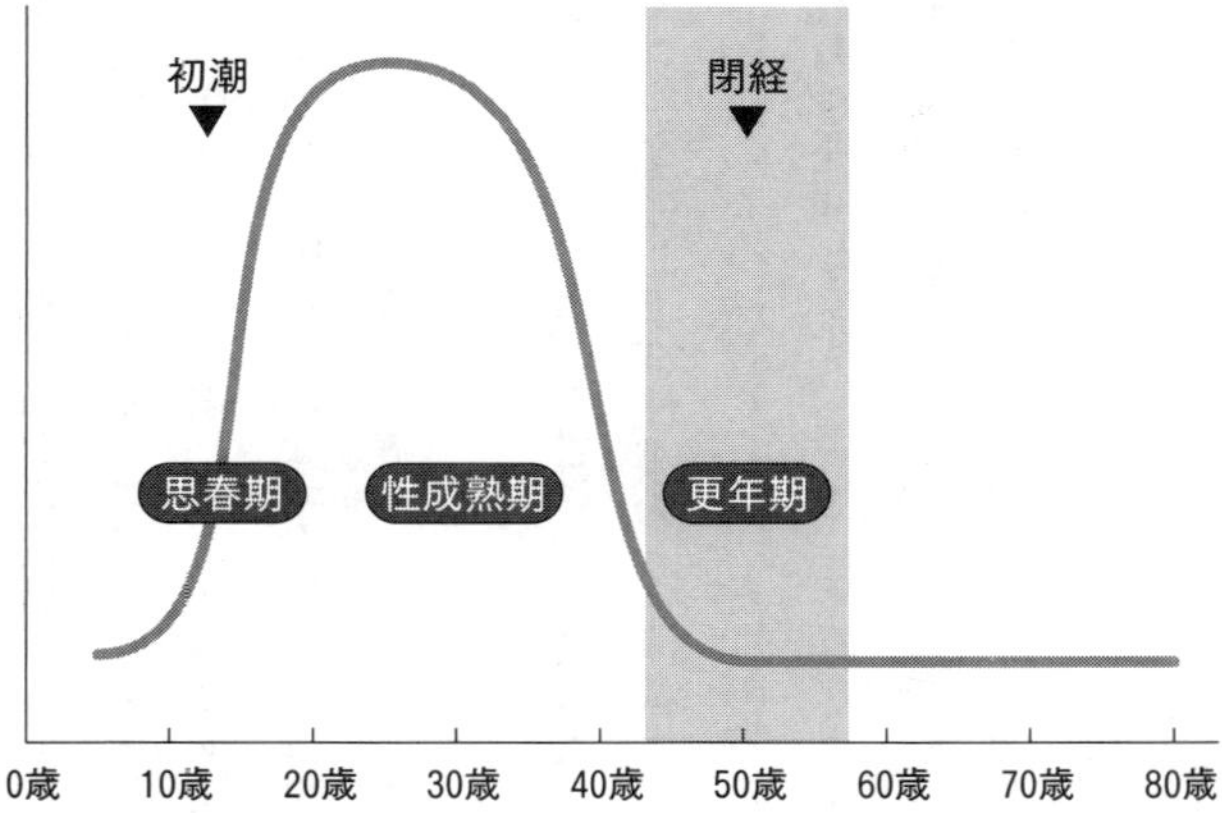

化を示したものです。分泌量は10代から急激に増加し、20代にピークを迎えるものの、30代後半から減り始め、40代半《なか》ばには更年期を迎えて50代になるとほとんどなくなります。

この女性ホルモンこそが生理的な女性らしさの源泉で、若いころはこのホルモンのおかげで美容にさほど気を遣《つか》わなくても美しい肌やバランスのとれた体型が維持されています。そして男性はこの女性らしさに魅了され、女性に対して恋愛感情を抱きます。女性ホルモンは恋愛や結婚にも大きな役割を果たしています。

しかし、女性らしさの働きはそれだけで

はありません。女性特有の高音の優しい声色はナレーションやアナウンスには必須のものですし、それがビジネスのうえで男性にはない特徴として力を発揮することもあるでしょう。会社の顔ともいうべき本社ビルの受付嬢しかりですし、容姿端麗《たんれい》なうえにテキパキと用務をこなす女性秘書は来客にも好印象を与えるでしょう。とりわけ、容姿が重視される芸能界の女性にとっては、この女性らしさは資本として欠かすことができません。

こうしてみると、女性にとって女性らしさを維持するインセンティブは、それがどのくらい恋愛および仕事のうえで役に立っているかに依存しているといえるでしょう。20代のころは若さこそが女性の特権であり、女性らしさは恋愛でも仕事でも大いに威力を発揮します。でも、年齢が上がるにつれて、若さに支えられた女性らしさのアピール度は次第に下がっていくでしょう。

一方、女性らしさを維持するためのコストは年齢とともに上昇していきます。その理由はさきに示した女性ホルモンの分泌量の変化です。女性ホルモンの低下による肌荒れや体型の崩れを人工的に化粧品やエステで補うためには時間とカネがかかりま

女性らしさ維持の利益とコスト

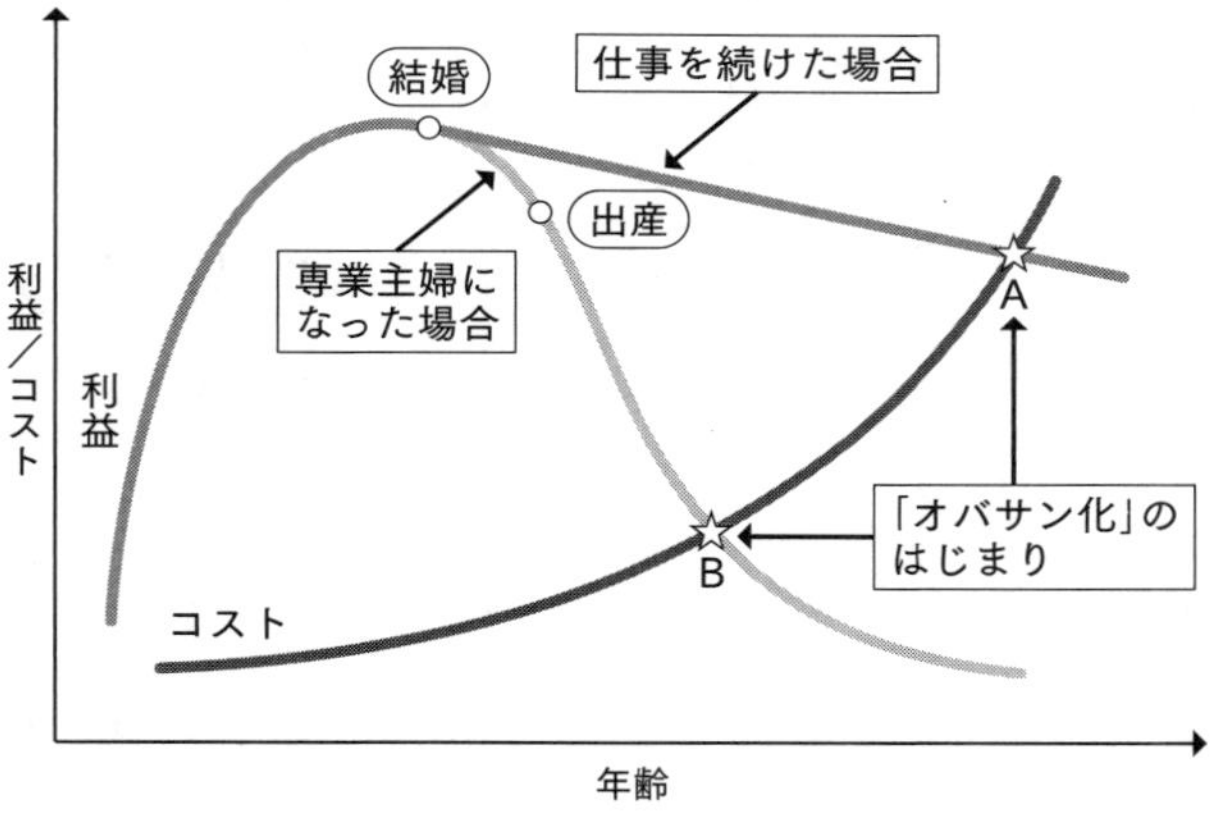

す。美味《おい》しいものを前にしたときのダイエットの苦痛もコストのなかに含まれます。

この女性らしさを維持することの利益とコストの推移を描いたのが上の図です。利益を表わす曲線は年齢とともに急上昇し、やがて下降を始めますが、その途中に結婚という分岐点があります。

ここでのポイントは結婚しても仕事を続けるかどうかです。仕事を続けていれば、恋愛という目的は失われるものの仕事のうえで女性らしさを発揮する場は残されます。したがって、利益はあまり下がりません。しかし、仕事を辞めてしまうと、女性らしさを維持することのメリットはほとんどなくなってしまい、利益は大きく下がります。

それに拍車をかけるのが出産です。出産すると生活が子ども中心になりがちなため、自分の女性らしさの維持は二の次になるでしょう。子どもの世話には動きやすい服装が便利でしょうし、ベビーカーを押したり、赤ちゃんを抱えたりした状態でブランド品を身につけてもあまり見栄《みば》えがしないからです。

どちらの場合にしても利益は下降し、コストは上昇していきますから、この2つの曲線はどこかで交叉《こうさ》します。そしてコストが利益を上回ったことを感じ取った女性は、「これ以上女性らしさを維持しても割に合わない」と決断します。これがオバサン化のはじまりです。つまり、オバサンとは「女性らしさの維持を放棄した存在」と定義されます。

図では、仕事を続けたときのオバサン化がA点、専業主婦になったときのオバサン化がB点で示されています。比べてみると、専業主婦のほうがオバサン化する時期が早くなっています。

こうなる理由は、結婚→退職→出産を通じて女性らしさを維持するインセンティブ

男性ホルモン（テストステロン）の分泌量の変化

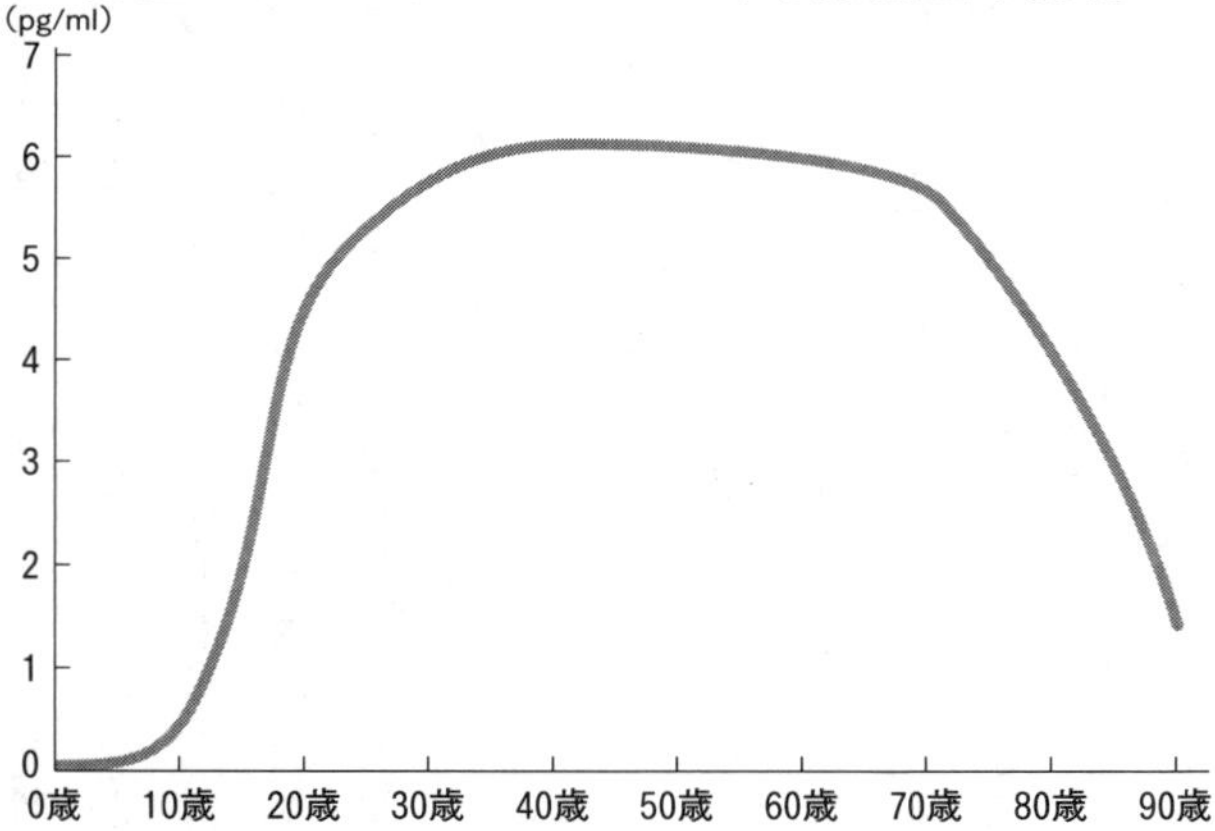

が大幅に失われたことにあるのです。

夫もオジサン化する

妻のオバサン化ばかりを非難できません。独身時代は女性の目を気にし、ファッションなどに気を遣っていた男性も、結婚して生涯の伴侶《はんりょ》を得てしまうと、そんなことはどうでもよくなります。運動不足から筋肉は衰え、腹が出て、頭髪が薄くなってきます。こうした加齢による外見の変化は女性と変わりありません。

ところが男性には女性と決定的に違うところがあります。上の図をご覧ください。男性ホルモンの分泌は女性と違って40歳を過ぎても減らないのです。なにしろ男性のなかには、70歳になっても若い女性と結婚し、子どもを作る人がいるくらいですから。

つまり男性の悲劇は、体力が衰え、見た目がカッコ悪くなっているにもかかわらず、「性」を捨てられないところにあります。これが若い女性から、オジサンは脂《あぶら》ぎっていていやらしいと思われる最大の原因となります。つまり、オジサンの定義は、「性」を捨てられない存在となります。

オジサン化を防ぐには

まず、オジサン化を防ぐ方法から考えましょう。問題の本質は、体力の衰えと男性ホルモンの分泌という本来相容《あいい》れない要素が混在しているために「オジサン＝いやらしい＝下品」というイメージを作り出しているという点です。

そこで第一の対処法は、下品な性から上品な性への転換、すなわちオジサマになることです。ちなみに、「女性に聞いた！　すてきだと思うオジサマ俳優ランキング」(注2)によると、第1位は舘《たち》ひろし（63歳）、第2位は佐藤浩市《さとうこういち》（52歳）、第3位は阿《あ》部寛《べひろし》（49歳）、第4位は堤真一《つつみしんいち》（49歳）、第5位は草刈正雄《くさかりまさお》（61歳）（以上敬称略）となっていて、なるほどと納得させられます（年齢は記事掲載の2013年当時）。

ただ、オジサマになるには条件があります。それは外見上の制約です。ルックスのいいこと、背が高いこと、そして服装のセンスがいいことは必須でしょう。また、普段から上品さをアピールしておく必要があり、それなりにおカネもかかります。酒を飲むにしても、居酒屋で焼き鳥というわけにはいかず、夜景が見えるホテルのバーでグラスを傾けなければなりません。

そこで、オジサマが無理というオジサンのためには第二の道があります。それは「性を捨てる」、すなわちオジイサンになるという方法です。つまり俗世間のドロドロしたものには関心がない、仙人のような枯れて悟りを開いた存在を目指せばよいのです。

これを俳優にたとえるならば、かつて老け役で活躍した笠智衆《りゅうちしゅう》さんや大滝秀治《おおたきひでじ》さんのようなイメージです。オジイサンになる具体的な方法としては、ネクタイではなくループタイを首から垂らすことをお薦めします。これで10歳は老けて見られると思います。

ただ、いかにいやらしさを消すためとはいえ、男性である以上、オジサンからいきなりオジイサンになってしまうには抵抗があるでしょう。そういう人のために用意されているのが第三の道、「ちょいワルオヤジ」です。これは衰えた体力を回復させ、活力を取り戻し、男性ホルモンの分泌との違和感を解消するよう努める方法です。

この第三の道にもやっかいな点があります。それは活力を取り戻すため、ジムに通ったりスポーツに精を出したりしなければならないということです。長いこと運動していなかったオジサンが急に体を動かしたら、肉離れやぎっくり腰などを起こし、かえって見苦しい姿をさらけ出す危険もあるでしょう。

そこで楽に「ちょいワルオヤジ」になる方法があります。まずは日焼けです。サーフィンやダイビングをやって日焼けするのが理想的ですが、それができない人は家のベランダでもいいので、肌をこんがりと焼いておきましょう。それだけで何もしていないのに活動的に見えてくるから不思議です。

次は服装です。特に重要なのが休日のファッションです。シャツをズボンのなかに押し込む「シャツ・イン」はもってのほか、ポロシャツ、チノパン、ジーンズなどをうまく着こなして、いかにも休日に外で遊び慣れているという雰囲気を出します。

そして最後は「男の料理」です。メニューは、「シーフードカレー」と決まっています。できればバーベキューグリルなどで有頭エビを丸ごと焼きたいところです。フライパンを使うならブランデーによるフランベは欠かせません。とにかく、「男の料理」の決め手は豪快さです。細かいことは気にする必要がありません。カレーのルーと一緒にすれば味はみんな同じです。

オバサン化を防ぐには

専業主婦の妻がオバサンになりやすい理由は、活動の中心が家庭内になることで外部との接点が少なくなるためです。

もちろん、子どもの学校の保護者会などで外に出る機会もありますが、そうした集まりは圧倒的に女性が多数を占めているため、男性の目を意識することはあまりありません。むしろ同性である女性の目を意識した化粧やファッションになるため、男性の目からは不自然に映る可能性もあります。

さきほどの定義に従えば、女性らしさの維持を放棄したオバサンはいわば中性化した存在といえます。それゆえの強みもあります。たとえば、オバサンは男子トイレや男性用浴場の掃除もできます。福祉現場では同性介護が原則ですが、手が足りない場合はオバサンが男性の介護をすることは可能です。その逆はおそらく受け入れられないでしょうから、それだけオバサンには強みがあると言えます。

しかし、オバサンにも弱点があります。それは交際範囲が限られるためどうしても視野が狭くなりがちなところです。第4章で詳しく触れますが、専業主婦の妻が子どもの「お受験」に夢中になっているという話はよく聞きます。仕事を辞め、自分自身の生きがいを見失っているオバサンは子どものことが気になって仕方ありません。ついつい過剰な干渉をしてしまうのです。

子どもが成長して手が離れると今度は他人のことが気になり始めます。女性週刊誌やワイドショーで取り上げられる事件は、オバサンのおもな関心の的です。なぜなら、こうしたメディアは何か報道ネタが見つかると、それを「物語文」に仕立て上

げ、退屈しているオバサンの共感を呼び起こすことに長《た》けているからです。(注３)

妻のこうしたオバサン化を防ぐには夫の協力が欠かせません。それは妻を外に引っ張り出すことです。子どもが小さいうちは育児にかかり切りになり、おしゃれやファッションなどどうでもよくなってしまいます。これがオバサン化のスタートにならないように、たまには子どもを両親に預けてでも夫婦そろってパーティ、ディナー、観劇などに外出することをお薦めします。

夫婦にも必要な緊張感

第２章で述べたように、小さいながら家族も立派な組織です。組織である以上、健全な運営のためには努力が必要となります。努力を怠《おこた》っていると組織は腐ってしまいます。

会社の経営者が最も恐れるのは組織内に生じる現状維持的な雰囲気だと言われています。特に順風満帆《じゅんぷうまんぱん》な経営状態は往々にして危機感の欠如を生みがちです。それが会社の成長を阻《はば》み、環境変化への対応を遅らせ、いずれは組織の崩壊へとつながるのです。

同じことは家族にも言えます。結婚によって組織が安定化したことをきっかけに、恋愛中のときのような緊張感が薄れ、互いに甘えが生じてきます。

女性は結婚に際して要求される強いコミットメントのため、仕事を辞め家事と育児に専念する専業主婦の道を選びがちです。夫もそれに甘んじ、妻に財布を渡して家計を任せ、仕事で給与を稼ぐことだけに専念します。

こうした完全な分業体制は合理的かつ安定的ではありますが、互いに干渉し合わないためにそれぞれが家庭内での独占的なサービス提供者となり、向上心が失われていくのです。その結果が外の目を気にしなくなるオジサン／オバサン化だというのは言い過ぎでしょうか。

会社であれば市場での競争に晒《さら》されているため、競争に負けることは市場からの撤退の危機を意味します。ですから経営者は常に他社の存在を意識させることによって社員の緊張感を高めるようにします。

しかし、家族は営利企業ではありません。緊張感が薄れても、それだけで家庭が崩壊するわけではありません。だからこそ、家族運営に関してメンバーの向上心を高める仕掛けを用意しておかなければならないのです。

そのうちのひとつがさきほども述べたように夫婦そろって外出する機会を増やすことです。そうすれば否応なしに夫婦としてどう見られているか、外部の目を意識せざるを得なくなります。パーティなどで素敵なカップルに出会えば自分たちもああなりたいと思うでしょうし、逆に他のカップルに影響を与えることもできます。これは企業が市場で競争することと同じです。

もうひとつは家庭内で競争状態を作り出すことです。完全な分業ではなく、妻も夫と同様に仕事を持ち、家計を支える役割を担《にな》います。また、家事や育児についてもすべて妻任せではなく夫もそれに関わるようにします。こうすれば「仕事で遅くなる」のは夫の特権ではなくなりますし、家事／育児と引き替えに妻に財布を渡し月々の小遣いをもらうというようなことはなくなるでしょう。

お互いに信頼しつつも馴れ合い状態にはならない、これが結果的に夫婦のいい関係を持続させる王道だと思います。

コラム　男たちの物語文

物語文を話すのは女性に限りません。たとえば、いわゆる「新橋のサラリーマン」たちが居酒屋でしゃべっている内容の多くは物語文ではないでしょうか。職場での人間関係や家庭内の問題などがテーマだとすれば、別に結論を求めてディスカッションをしているわけではありません。サラリーマン同士で愚痴《ぐち》を言い合い、お互いに慰《なぐさ》め合っているだけです。

たとえば、これらの話題に対して論説文的に対応するとどうなるでしょうか。「最近上司とうまくいかないんだ」→「それなら別の部署に移ればいいじゃないか」、「妻に小遣いを減らされた」→「増やしてもらえるよう妻に交渉してみたらどうか」、「妻と姑の間がうまくいかなくてさ」→「おまえが間に入って仲を取り持ってやるべきだ」等々。これで話は弾《はず》むでしょうか。

この場合の正しい対応は、「大変だな。おまえの気持ちはよくわかるよ。俺にも同じような悩みがあるんだ」ではないでしょうか。そして最後に、「悩んでいるのは自分だけじゃない」ことがわかり、ストレス解消につながるのでしょう。

こうした身近な話題とは別に、どうにも解決方法が見出《みいだ》せない、あるいは解決策は明白だが実行が難しいという問題は世の中にたくさんあります。そんなとき、多くの人たちは物語文的な対応になりがちです。

たとえば、「○○の問題は深刻だよな」と話を切り出した人は聞き手に何を期待しているのでしょうか。「本当だな、△△の問題もあるしな」とか「政治家にもっとしっかり考えてもらわないと困るわね」などという返事で満足しているのであればこれは物語文です。居酒屋の愚痴と何ら変わりありません。それに対して、具体的で実効性のある解決方法を見出そうと皆で知恵を出すなら論説文的な対応になるでしょう。

私たちは普段の会話でどのような対応をしていますか？

（注1）以下では夫が利己／利他主義であるケースを例示していますが、妻がそうであっても内容に変わりはありません。

（注2）「マイナビウーマン」（woman.mynavi.jp/article/131001-052/）を参照。

（注3）小保方晴子、理化学研究所ユニットリーダーによる一連のＳＴＡＰ細胞に関する事件は、本来、科学的な検証によって解決される問題でしたが、メディアによる「物語文」的な報道の結果、専門知識を持たないオバサンとオジサンが野次馬的関心を持つという結果を招きました。

第4章

親子関係に特有の問題とは

夫婦関係と親子関係はいくつかの点で決定的に異なります。ひとつに、結婚は両者の合意に基づくものですが、親子関係は子どもの同意なく始まります。さらに、夫婦は社会的に自立した個人によって形成されるものですが、子どもは無力であり、誰かの保護なしには生きていかれません。

この章では、こうした特徴を持つ子どもが家族という組織の一員になったことによって生じる問題について考えていきます。

子どもを作るインセンティブ

子どもは親の都合によって生まれてきます。最近では「できちゃった婚」などといって、子どもができたことを結婚のコミットメントにしようとする傾向もありますが、避妊手段が整っている日本においては、基本的に子どもは両親が相談して作るものです。

親が子どもを作る動機にはどのようなものが考えられるでしょうか。まずは、夫婦そろって愛情を注ぐ対象として子どもが欲しい、子どもは可愛《かわい》い、という生物として人間の持つ本能的欲求が考えられるでしょう。

これは、どのような生命体も子孫を残すという遺伝子からの命令として自然に備わっているものです。つまり、他の事情を一定にすれば、子どもはいないよりはいたほうがいいということになります。

ここで問題となるのは他の事情がどう影響するかです。たとえば、皇室や梨園《りえん》のように家系の継続が何よりも重要とされるところでは、世継ぎである子どもを作るインセンティブはきわめて強いでしょう。同じように、先祖代々引き継がれてきた家業のあるところでも、後継者候補の筆頭としての子どもの存在は必須ではないでしょうか。

家業のない一般のサラリーマン家庭では、事業の後継者というよりも、年老いたときに介護なども含めて頼りになる存在として子どもを望むかもしれません。また、先祖代々の墓がある家では、無縁墓にならないよう子どもに先祖供養を期待するという動機も考えられます。将来は祖父母として孫を可愛がりたいから、と考えて子どもを作る親もいるでしょう。

最近では、小さいうちから子どもに高価な服を着せ、ダンス、英会話、楽器、スポーツなどを習わせ、進学校を目指して子どもを小学校低学年から学習塾に通わせている親など、子どもをあたかも自分のペットのように考えている親も見られます。自分の思い描く通りの子育てをしたいというのも動機のひとつでしょう。

これらの動機を簡単に整理してみると次のようになるでしょう。親が子どもから将来のリターン（収益）を期待しているとき、子どもは親にとって「投資財」となります。子育てにコストをかけるのはその見返りを求めているためです。

それに対して、将来の見返りなどどうでもよく、純粋に子どもが家庭にいることで楽しいと感じている親にとっては、子どもは「消費財」になります。そのとき、親の稼ぎにあまり関係なく、ほぼ一定額を子育てのために充《あ》てている家庭では、子どもは「必需品」になります。

他方、収入が増えるに従って多額のコストを子どものためにかけている家庭の子どもは「奢侈品《しやし》（贅沢品《ぜいたく》）」と定義されます。子どもを「贅沢品」と考えている家庭では収入が少ないと子どもを作らない可能性も出てきます。

もし親が合理的に行動していると仮定するならば、子どもを持つことから得られる（金銭的および精神的）満足と子育てのためにかかる費用を天秤《てんびん》にかけ、前者が後者を上回ると予想されたときに子どもを作る決断をするということになります。

利己主義的な出産の問題点

このように出産に関する親の動機が（本能の部分も含めて）利己主義的になりがちな理由は、夫婦が子どもを作るかどうか決断するとき、まだ生まれぬ子どもに向かって「あなたを産んでもいいか」と尋ねるわけにはいかないからです。

しかし、そのことが原因で、出産に関わるいくつかの問題が起きてきます。ここでは代表的な2つの事例を取り上げたいと思います。

①（新型）出生前診断

これは妊娠中に胎児の状態を検査して診断することをいいます。問題は診断自体にあるのではなく、胎児に障害がある可能性が高いとわかったとき、妊婦が中絶を選択する場合があるという点です。

これまで日本では、血液検査の精度が低かったため、より確実性の高い方法としては妊婦の羊水を採取して調べる形が一般的でしたが、２０１３年4月に妊婦の血液から胎児の遺伝子を調べる新しい手法が取り入れられました。この手法は母胎を傷つけることなく、これまでの血液検査よりも診断の精度を飛躍的に向上させることができます。

制度導入の効果はどうだったのでしょうか。実際にこの新型検査を実施した国内37医療機関の報告によれば、導入後の1年間にこの診断を受けた妊婦は７７４０人で、そのうち陽性と判定されたのは１４２人でした。さらに羊水検査などを行なって「異常」が確定したのは１１３人で、このうちの97％にあたる１１０人が中絶をしていました。そこでの「異常」の内訳は、ダウン症70人、心臓などその他の疾患43人でした。(注1)

このパーセンテージの高さの解釈には注意が必要ですが(注2)、1年間で１００人を超える妊婦が胎児の「異常」を理由に中絶を選択したという事実は重いものがあります。実際、ダウン症児を持つ親の集まりである「日本ダウン症協会（ＪＤＳ）」は、早い段階からこの新たな診断方法の導入には反対していました。

同協会のホームページには、「ＪＤＳは、『ダウン症』を出生前検査の対象として排除するのではなく、『ダウン症のある人が、その人らしく、普通に、安心して暮らせる社会』が実現することを望んでいます。」と書かれ、ダウン症が「異常」扱いされることに懸念を表明しています。

人工妊娠中絶は、母体保護法という法律によって、「母体の健康を害する出産」と「暴行など拒絶できない間の姦淫《かんいん》による妊娠」のいずれかの条件があてはまれば認められることになっています。

ところが実際の診療現場ではこれらの条件があてはまるかどうかの精査は行なわれておりませんので、ほぼ無条件に中絶は実施されているのが現状です。つまり、「母親（になるかもしれない女性）の権利」として中絶が認められている以上、その理由が姦淫であれ、「異常」であれ、当事者が望まない妊娠であれば中絶しても構わないということになります。

②精子提供

これは、子どもが欲しくてもできない夫婦向けの不妊治療のひとつ、「非配偶者間人工授精（ＡＩＤ）」のことをいいます。２０１２年に出版された本のタイトルにもなり、話題を呼びました（『精子提供』歌代幸子著、新潮社）。ＡＩＤとは、不妊の原因が夫にあるとき、第三者から精子を提供してもらい、妻の排卵時に子宮内に注入する生殖技術のことです。

驚くべきことに、この治療法はすでに１９４９年から日本において実施されていて、何の法的規制もありません。実際、日本産科婦人科学会の調査データによると、２００９年にＡＩＤを受けた患者数は８０６人で、97人の子どもが生まれているそうです。

歌代氏の本は、ＡＩＤによって生まれた子どもにスポットを当てている点で特徴があります。親子の血縁が重んじられる日本では、ＡＩＤはあくまで例外的な措置として位置づけられていて、子どもにとっては出生の秘密となります。精子ドナーが誰かも子どもには明かされません。

しかし、子どもは次第に自分の容姿や性格が親と似ていないことや父親のよそよそしい態度を感じとるようになってきます。そして「秘密」を知ったとき、「親に騙《だま》されていたという怒り」や「信じていたものが崩れる喪失感」に苛《さいな》まれます。

なかには、母親が治療を受けた医師を訪ね、ドナーが誰か突き止めようとする子どももいるといいます。「母親と『精子』というモノで自分ができている」ことに耐えかねての行動だと同書は説明しています。

こうした問題を踏まえ、血縁の重さを逆手にとる動きが出てきました。長野県のあるクリニックでは、夫の実父からの精子提供による不妊治療が行なわれていて、これまでに夫婦79組から１１８人の子どもが誕生したと報告されています。生まれてくる子どもにとっては、父親が誰だかわからないよりも、祖父であるほうがまだ救われるということなのでしょうか。この点についてこのクリニックの院長は、「血のつながりがあったほうが、提供者家族も含めて良好な家族関係を築きやすい」とコメントしています。

こうした治療には眉《まゆ》をひそめる向きもあるかもしれませんが、それだけ子どもが欲しいという夫婦の願いは切実であり、なにより関係者も同意しているのですから他人が口を挟むべきではないということでしょうか。

この2つの問題に共通しているのは、どちらも親の価値基準で是非が論じられているという点です。子どもを作るかどうか、中絶するかどうかの決断は最終的には親がするのでしょうが、生まれてくる（はずの）子どもの立場からの議論はほとんど見られません。

たとえば高齢出産の問題にしても、不妊治療がうまくいかず、やむを得ず高齢になってしまった女性もいるでしょうが、晩婚や仕事との兼ね合いから子どもを作るタイミングを逸した女性もいるでしょう。

いずれにしてもそれは親の事情であって、生まれてくる子どもとは何の関係もありません。まだ見ぬ子どもの意思を確かめようがないので仕方のないことですが、「どうしても自分の子どもが欲しい」という親の欲求が当然の権利であるかのように理解されている点には警鐘《けいしょう》を鳴らしておくべきではないでしょうか。

もうひとつ気になるのは、子どもという存在が持つ社会性という観点の欠落です。

子どもは社会にとっての財産でもあります。

成長した子どもは経済活動に参加して社会に貢献するようになります。なかには、将来、偉大な発明や発見をして人類全体の発展に寄与する子どももいるでしょう。成長した子どもの納める税金は、その親だけではなく社会全体の福祉の向上のために使われるのです。子どもは親のためだけに生まれてくるわけではないのです。

利己主義的になりがちな子育て

出産には生まれてくる子どもの意思は反映されません。そのため、子どもが生まれたあとも、親のなかに「自分たちが世に送り出した子」という意識が残り、子どもの全権は自分たちに委任されていると思いがちです。

実際、子どもは未熟ですので、親が保護者と称され、子どもの面倒を見るのは当たり前という世間一般の認識もあります。それは必ずしもマイナスというわけではありません。

たとえば、子どもが歯磨きをしないで甘いものばかりを口にしていたとしましょう。このようなとき、「子どもを虫歯にしてはならない」という信念のもと、子どもから大好きなお菓子を取り上げる親は利己主義と非難されるべきでしょうか。子どもの将来のことを考え、いやがることをあえてさせるのも子育てのうちとみなされるでしょう。

でもこの考え方には危険もあります。それは親が「子どものため」という理屈をつければ、何をやっても許されかねないという点です。

たとえば、言うことを聞かない子どもを親が大声で怒鳴りつけたり叩いたりしている場面で、周囲からは威圧的で暴力的に見えたとしても、親が「躾《しつけ》」だと言い張ればそのまま見過ごされることはよくあります。どこまでが躾か法律による線引きが難しいため、警察などの公的機関も手を出せません。命に危険が及ぶほどのケガや死に至る状況になってはじめて明るみに出るのです。

障害児と無理心中を図る母親

子育てにおける母親の利己性が顕著に現われる事例をとりあげてみましょう。19

70年5月、脳性麻痺《まひ》の重症者二人を抱えた母親が下の娘を殺害するという事件が起きました。

事件後まもなく、地域住民を中心として子どもを殺害した母親へ向けて減刑嘆願運動が起きました。運動の趣旨は、「殺された娘もかわいそうだが、そうした障害児を持つ気の毒な母親もかわいそうだ。救ってやりたい」というものでした。

冷静に考えればこれは歴《れっき》とした殺人事件なのですが、当時の国民の多くはこうした嘆願に何の不自然さも感じていませんでした。マスコミは母親に同情的な報道をしましたし、検察側も起訴まで1年4カ月という異例の時間をかけて世論の動向を見守っていました。そして、1980年に下りた判決は、「懲役3年、執行猶予《ゆうよ》3年」という殺人にしては情状酌量《しやくりよう》ともいえる内容でした。

ところが、こうした心中事件をめぐる一連の動きに対して強く反発したグループがありました。「青い芝の会」という脳性麻痺の障害者団体です。この団体の人たちが疑問視したのは、「なぜ障害者を殺した母親に同情が集まるのか」という点でした。

そこから発せられた問題提起は、「同情されるべきはむしろ殺された娘ではないのか」、「殺した側の母親が同情されるならば、殺された娘、ひいては障害者は世の中に存在しないほうがよかったということになりはしないか」、「母親は殺人という罪を犯した人間として公正に裁かれるべきであり、障害者殺しに特別な温情をかけることに反対する」、「障害者とその家族が置かれた現状とその改善については事件と切り離し、冷静に議論すべきだ」といったもので、当時の世論を厳しく批判する内容でした。

どんな人間であっても殺されて喜ぶことはあり得ません。ましてや意思決定の困難な障害児に対して「このまま生きていても不幸になるだけ」という論理からその命を絶つのは、母親のエゴそのものといえるのではないでしょうか。

親子の愛の難しさ

こうした事例をとりあげると、読者のなかには私が極端なケースを持ち出して親子の愛を否定しようとしていると思われる方もおられるでしょう。また、第3章の夫婦の話と比べ、この章の内容の深刻さに驚かれているかもしれません。このように批判的なタッチになる理由は、親子という関係の特殊性にあります。

恋人同士の愛は対等の立場で成り立っています。どちらか一方が相手を所有するという関係ではありません。また、夫婦の愛も基本的には対等のはずです。ただ、結婚時に妻に要求されるコミットメントが強いため、結婚後の夫の立場が強くなるケースはありますが、少なくとも法的には両者は対等に扱われています。

しかし、親子間はそうではありません。身体的にも経済的にも弱い立場にある子どもは親の保護下におかれ、一方的に愛を受ける存在です。そしてそれを拒絶することはできません。なぜなら子どもにとって親からの愛の否定は生存の否定にもつながりかねないからです。

親のなかには子どもに対して一方的に愛情を注いでいくうち、次第に子どもという存在自体の占有へとつながることもあるでしょう。すべて自分の思うとおりに子どもを育てたい、それこそが親の愛情だという考えです。

通常の子どもであれば、やがて反抗期を迎え、親からの一方的な愛の呪縛《じゅばく》から逃れようともがき、次第に精神的にも経済的にも独立していきます。ところが、障害児の場合はそういきません。

身辺自立が難しければ、いつまでも親から日常生活で世話を受け続けることになります。世話をする側とされる側という関係はややともすると上下関係へと向かうおそれがあります。子どもへの愛情はいつしか子どもに対する支配へと変化し、子どものすべてを親が抱え込むようになります。そして悲劇が訪れるのです。

ここで言いたいのは、親からの支配的な愛は障害児に限った話ではないということです。自立の難しい障害児ゆえに子育ての利己性は端的に表われてきますが、一般の家庭でも同様のことは十分起こりえます。それが目立たないのは、通常、子どもが自分から進んで自立の道を歩んでいくからです。

「母が重たい」

これは母親がオバサン化して体重が増えたという意味ではありません。あるテレビ番組が親子関係を特集したときのタイトルです。(注3)その内容は、成人した後でも母親の存在を重いと感じる女性が増えているというものでした。

重さの原因は、母親が「子離れできずに依存してくる」「常に完璧《かんぺき》を求めてくる」「娘のやることなすことに嫉妬《しっと》する」ためで、このようにして娘を苦しめ続ける母親のことを「毒親」と呼ぶこともあるそうです。（注４）

そして、番組がとったアンケートによると、母との関係は「不仲」と答えた人が15％だったのに対して、母が「重たい」と答えた人は58％にのぼりました。

ここで注目すべきは、「重たい」と「不仲」の割合の乖離《かいり》です。母親と「不仲」になることを恐れるあまり我慢を続けた結果、娘の「重たい」という独特の感覚につながると考えられます。番組ではその感覚が高じて鬱《うつ》病を発症した方の事例もＶＴＲで紹介されていました。

ここにある疑問が生まれてきます。なぜ「重たい」と感じている娘は母親から離れることができないのでしょうか。その原因は、親から子どもへの「利己的な愛」と子どもから親への「利他的な愛」という両者が持つ愛の非対称性にあります。

たとえば、さきの番組に出演されていた心理カウンセラーのホームページには、「あなた」の親が「毒親」であるかどうかを自己診断するためのチェックリストとして、「あなたの親は、あなたを威圧したり、罪悪感を感じさせたりして、あなたを自分の思い通りに行動させようとするか」「あなたが人生において決定することの多くは、親がそれをどう思うだろうかということが基本になっているか」など、親の利己性と娘の利他性を検証する項目がいくつか挙げられています。(注5)

この非対称性の根本的な原因は、子どものころの親子関係にあります。(注6)さきにも述べたように、子どもは親からの愛を拒絶することができません。それゆえに、「毒親」はその優越的な立場を利用して、愛という美名のもとに子どもに対する支配的な関係を正当化してきたのです。(注7)

具体的には、躾や教育と称する「ののしり」や「体罰」を通じて抵抗できない子どもを支配下に置き、子どもが常に親の顔色をうかがわないと生活できないようにします。そうすると子どもは親を喜ばせることで自分も安心するという親への「利他的な愛」が強制的に形成されていくのです。

そしてこれが身についてしまった娘は、大人になってからも、親と対立したり不仲になることは親に対する愛情の欠如だと解釈するようになってしまいます。

実は多い、子の自立を望まない親たち

　また極端な例を出しているとお思いの方もおられるでしょう。確かに、明らかに「毒」と判定される親はそれほど多くないと思われます。でも、ゼミの学生などの話を聞いていると、子どもに愛情を注いでいるように見えつつも、実は子どもの自立をあまり望んでいない親は多いようにも感じます。

　たとえば、私のゼミではこれまで15年にわたり、中国広東省《カントン》にある日系企業の工業団地における研修を実施してきています。

　企業がお膳立てしてくれるインターンシップや代理店が間に入って航空券などを用意してくれる語学留学などと違い、この研修では学生は自分で課題を見つけ、自分で企業にアポを取り、自分で報告書を作成しなければなりません。

　週末の過ごし方も自分で考えます。宿泊や食事などの生活環境は現地のワーカーたちと基本的に同じで、部屋にエアコンはありませんし、身体を洗うのにお湯が欲しければバケツを持って自分で汲《く》みにいかなければなりません。

　大抵の学生は入ゼミの段階ではこの研修に興味を示します。ところが、いざ話が具

体化してくると、ほとんどの女子学生は親の反対を理由に参加を断念します。「中国は危なくて心配」というのが反対の理由だそうです。

誰の助けも借りずに現地にたどり着き、一人でプランを立てて行動する、そこから得られる経験や学びがどれだけ学生に成長をもたらすか、計り知れないものがあります。でも親は、娘を一人で海外に出すのが心配だといい、ほとんどの娘はそれを受け入れているのです。

もうひとつは親との別居です。私は就職内定の報告を学生から受けたとき、就職を機に実家から出て自立するように勧めていますが、ほとんどの女子学生は就職後も実家に留《とど》まります。

その理由はやはり「親の反対」です。「実家から通えるのにどうしてわざわざ外にアパートを借りるのか」「ひとり暮らしは心配だ」というのが主な内容ですが、なかには「私を見捨てるのか」と母親に泣きつかれたり、「親不孝者」と罵《ののし》られたという学生もいました。

社会学者の山田昌弘《やまだまさひろ》氏によって命名された「パラサイト・シングル」は、成人した子どもが実家に「寄生」するという社会現象を表わしたものです。その背景には、生活費の節約など経済面も含めさまざまな原因があると考えられますが、ここでの事例にあるように、親が子どもに対して自分に「寄生」するよう仕向けているという側面も否定できないでしょう。

親の心配は子のためならず

さきほどの事例にひとつの共通項があることに気づいた方はおられるでしょうか。それは「親の心配」です。このワードの解釈には注意が必要です。なぜなら、これこそが親の子どもへの干渉をすべて正当化しているからです。(注8)

心配というワードは、それを相手に伝えたとたん、利己的行為をあたかも利他的であるかのように見せる魔術のような働きをします。あなたのことが心配と言われると、言われたほうは自分のことを思ってくれていると錯覚します。そして反論するのを困難にします。なぜなら、相手の心配を無にする行ないは愛情に欠けると思えてしまうからです。

でも、心配は本当に利他的なのでしょうか。

中国での研修の話を子どもから持ちかけられたとき、子どもの立場になって考えている利他的な愛の持ち主の親なら、中国広東省の治安状況について確かな情報を発信しているソースを子どもに教えるなり、現地で生活した経験のある知人を探してきて紹介するなり、過去の研修に参加した先輩の話をよく聞いたほうがいいとアドバイスするなり、本人が正しい選択をできるように手助けするはずです。

そのようなコストを払いもせず、単に「あなたのことが心配なのよ」と言う親は、研修への参加は親の愛を否定する行為と思わせ、娘に心理的プレッシャーを与えるのが目的です。それは「あなたのため」なのではなく、知らない土地に娘を一人で行かせたくないと思っている「自分のため」でしょう。

親との別居についても同じことがいえます。子どもが自立のために別居を望むのであれば、安全なひとり暮らしができるようアドバイスするのが利他的な愛です。「見捨てる」とか「親不孝」という表現は、自立しようとする子どもに罪悪感を植え付けます。これは親の立場を利用した、きわめて悪質な脅《おど》しといえるでしょう。

それではこのようなとき、親は子どもに対してどのような態度で接するべきなのでしょうか。求められるのは「心配」ではなく、「信頼」です。

子どもが未熟と感じられるのであれば、必要な情報を子どもに与え、自分の頭で考えさせればよいのです。そして子どもが決断を下したときはその根拠を尋ねます。それが十分説得力を持つと判断されるならば、あとは子どもを信頼することが大切です。

この考え方は、会社における上司と部下の関係やスポーツチームにおける監督と選手の関係において実践されています。

たとえば、プロ野球でリリーフ投手をマウンドに送り出すとき、「しっかり打者を抑えられるか心配だ」と話しかける監督はいないでしょう。選手起用の全権を有する監督からそのようなことを言われれば、選手は動揺し、リリーフに失敗することがわかっているからです。

むしろ、「おまえを信頼しているからな」と言うはずです。そして、1度や2度の失敗ではとやかく言いません。監督からの揺るぎのない信頼こそが相手に立ち向かう自信と勇気を選手に与えるのです。
親子の関係でも同じことが言えるのではないでしょうか。強い立場に立つ親だからこそ、子どもを信頼することが重要なのです。

厳格な親は「いい子」を育てられるか

少年犯罪が起きると「親は何をやっていたんだ」とか「親の教育がなっていない」などと親を糾弾《きゅうだん》する報道がよくなされます。こうした親の責任を問う声は、親に対して子どもの躾を厳しくし、より厳格な子育てをするインセンティブを与えるでしょう。

こうした厳しい躾は少年犯罪の抑止になっているのでしょうか。平成23年度版『犯罪白書』には、「親の養育態度に対する認識」という項目があり、非行少年が親をどう思っているか尋ねています。(注9) それを見ると、平成2年の調査以降一貫して「親が厳しすぎる」という回答が「自分のことを親が気にしない」を10%以上上回っています。つまり、親が厳格であっても非行の抑止にはつながらないことがわかりま

す。（注10）

このつながりをもう少し論理的に考えてみましょう。たとえば、子どもを厳しく教育する親がいたとします。有無をいわさず決まった時間に勉強机の前に座らせたり塾に通わせたりし、そして不正は許さず門限は厳しく、子どもが間違ったことをすれば体罰も辞さないという感じです。さて、このような親からどのような子どもが育つでしょうか。

子どもが従順で親の言いつけにすべて素直に従い、まったく不平を漏らさないようなタイプだとしたら、親の期待通りに勉強のできる真面目な大人に育つかもしれません。でも、それが必ずしも子どもの意に添わぬもので、自分の意思を抑えながら従っていたのだとすると、成人してから鬱や摂食障害などの心の病を発症するかもしれません。

一方、損得勘定に長《た》けたタイプの子どもだったとすると、こうした厳しい教育はまったく期待はずれの逆効果をもたらす可能性が高くなります。子どもの意に反して無理に勉強させようとすると、子どもは勉強しているふりをするようになります。塾に通っているように見せかけてゲームセンターに入り浸《びた》るかもしれません。

躾についても同じ結果を招くでしょう。不正を許さない親に対する合理的な行動は不正を隠すことです。なぜなら、親に知られたら厳しく叱《しか》られるからです。つまり、厳しい教育は、子どもにごまかしをするインセンティブを与えてしまうのです。

子育てする親にとって重要なことは、子どもがどのように育っているかを知っておくことでしょう。親は子どもを四六時中監視できません。ですから、学校での生活や友だちづきあいに関する情報を子ども自身から教えてもらう必要があるのです。

そのときポイントとなるのは、子どもが正直に話してくれるかどうかです。親に叱られるのを嫌がって子どもが嘘をつくと、親は子どもの現状を正しく把握しづらくなるのです。

子どもを嘘つきにしたくなかったら厳しい教育をすべきではありません。正しい処方箋《せん》は2つあります。

ひとつは、子どもの話をしっかりと聞いてあげることです。面倒がって子どもの話をいい加減に扱うと、次回から子どもは家庭で話をしなくなってしまいます。もうひとつは、子どもが自分から正直に話したら決して叱らないことです。叱らずに子ども自身のためになるようなアドバイスをしてあげるのが効果的といえるでしょう。

子育てにおける夫の役割

第3章では、専業主婦がオバサン化するプロセスについて説明しました。そのさい、社会との接点を持たなくなった妻が生きがいを失いやすい点について触れました。

ここで注目しなければならないのは、妻が一度失った生きがいを取り戻す対象が、最も身近な存在である子どもに向きやすくなるという点です。自分の大切な宝物を自分の好みに合わせてピカピカに磨き上げるように、子どもにきれいな服を着せ、さまざまな習い事をさせ、「お受験」のため学習塾の送り迎えまでやります。

それは「子どものため」という利他的な子育てのように見えますが、実は子どもという「贅沢品」にカネをつぎ込むことで満足を得ている利己的な行為です。

このように専業主婦が子どもべったりになるリスクを回避するには、子どもの父親

大学／大学院学科ごとの男女別学生数（平成25年度）

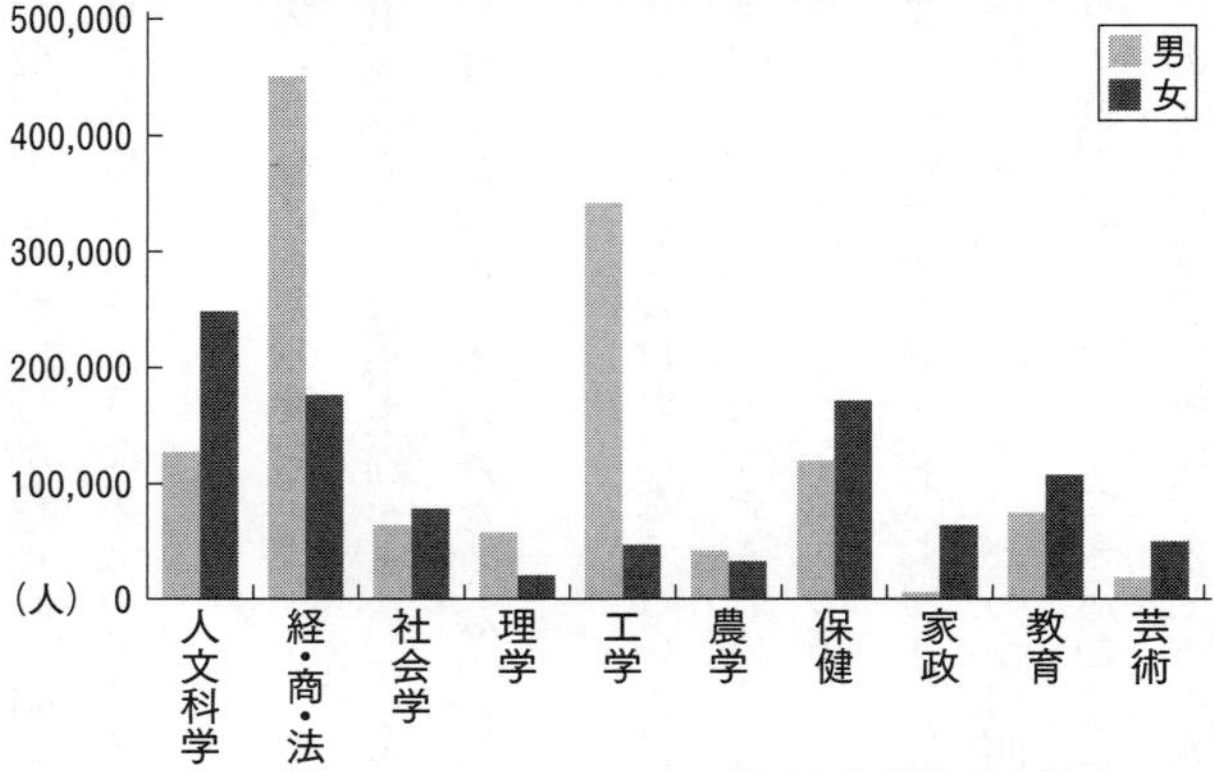

文部科学省『学校基本調査』より

である夫がすみやかに妻を子どもから引き離すことが重要です。(注11)

具体的な処方箋はオバサン化回避の方法と同じく、夫婦そろって外出し、外部から自分を見られる機会を増やすことです。そして妻が自らの生きがいを見出《みいだ》せるような環境を作るのです。母親が自分の子どもを客観視できるようになれば、子どもを信頼することもずっと容易になるでしょう。

男女差別の原因を作る家庭

上の図をご覧ください。これは大学の各専攻分野における学生数を男女別に表わしたものです。男女でかなりはっきりと異なる傾向であることがわかります。

経済系や理工系は男子が多く、人文系や保健・家政は女子が多くなっています。これだけ見ると、女子にとってビジネスやエンジニアの世界は苦手なのかと思ってしまいます。

このような統計的情報に基づいて人間の属性別の違いを判断することを「統計的差別」と呼んでいます。（注12）もしこれだけの男女差が後天的なものだとしたら、何が原因と考えられるのでしょうか。

マリー・デュリュ＝ベラ著『娘の学校』（藤原書店）という本は、初等教育にその原因を求めています。教育現場において教師が無意識のうちに、男子には算数、女子には文学というように力を入れる科目を色分けしているというのです。

同じことが家庭でも起きてはいないでしょうか。たとえば、親が子どもに誕生日のプレゼントを買ってあげるとき、男の子には鉄道のおもちゃや理科図鑑、そして女の子にはプリキュアや文学作品といった感じで、無意識のうちに、「男らしさ」や「女らしさ」といった価値基準が反映されているように思えます。

父親がキャッチボールや将棋の相手をするのは男の子で、母親が料理の手伝いを頼むのは女の子、というのもこれと同じです。ですから勉強についても、女の子は算数が苦手でも仕方がないなどと、親は無意識のうちに思い込んでいるのかもしれません。

こうしたすり込みが家庭内で行なわれていると、育っていくにつれ、何となく男の子と女の子の頭のなかに、それぞれ自分の選ぶ学問分野や進むべき道について先入観ができあがっていくでしょう。親が知らず識《し》らずのうちに子どもの選択肢を狭めているとも考えられるのです。

利他主義的な子育てができるか

この章では親子関係の難しさとその背景について考えてきました。問題は複雑なように見えますが、解決方法はきわめて簡単だと思います。それは利他主義的な子育てができるかどうかです。親がどこまで子ども本位で考えられるかということに尽きます。

しかし、子どもより優位な立場にある親は、自分本位のことでも子ども本位であるかのように都合よく解釈してしまいますし、弱い立場におかれた子どもはそれを甘んじて受けるしかありません。

そこで注目したい概念が「自立」です。子どもに関わるすべてのことを「子どもの自立にどう役立つか」という点から評価し直してみるのです。

たとえば習い事をさせるにしても、子どもの自立という視点に立てば、おのずと優先順位は決まってくるように思います。たとえば、運動のなかでも水泳とスキーは必須項目でしょう。水泳は水に対する恐怖心を、そしてスキーは下り斜面とスピードに対する恐怖心を取り除いてくれます。こうした潜在的恐怖心は年齢があがってから克服するには時間がかかります。(注13)

なぜ子育てにおいて「自立」という視点が重要なのでしょうか。その理由は、「自立」が社会のなかでどう生きていくかという発想を考え方の中心に据えているからです。この点についての理解を深めるために、会社経営を参考にして考えてみましょう。

アサヒビール株式会社の企業理念「すべては、お客さまの『うまい！』のために。」をご存知の方は多いと思います。他にも、「お客様のため」というスローガンを掲げている会社は数多くあります。このようなフレーズを用いるわけは、顧客第一の経営をすることが結果として組織を健全に保ち、会社の利益につながるからです。

組織を運営するうえで最も注意しなければならないのは、日常業務として同じ仕事を繰り返しているうちに、自分の都合が優先するようになっていくことです。たとえば、品質確認のための地道な作業がだんだんと面倒くさくなり、「まぁひとつぐらい大丈夫だろう」と手抜きをするといったケースです。

チェックする側にとっては100個のうちの1個かもしれませんが、買う側にとってはおカネを出して買う大切な商品です。もし、その1個が不良品で買い手に甚大な被害を与えたとするならば、その製品はもとより会社全体の信用に関わってきます。会社の評判は下がり、売れ行きは落ち込み、組織の存続自体が危うくなりかねないのです。

こうしたとき、会社全体が常に「お客様のため」という考えのもとでまとまっていれば、社員のモラルを高め、自己都合を優先した手抜きに対する抑止力になります。また、そのようなフレーズを理念として公開しておけば、それはコミットメントとしての働きもするでしょう。

家庭における「子どもの自立」はこれと同じだと考えられます。子どもが自立するということは、社会のなかで一人の人間として受け入れられることを意味します。そしてそれを子育ての理念にすれば、結果として親の利己的な行動を抑制し、家族としてのまとまりの強化にもつながることでしょう。

コラム　「赤ちゃんポスト」

２００７年５月に熊本の病院でスタートした「赤ちゃんポスト＊」をご記憶の方はどのくらいおられるでしょうか。２０１４年、「明日、ママがいない」というタイトルで、児童養護施設を舞台にしたテレビドラマが物議を醸《かも》したといえばいかがでしょうか。そこに「ポスト」というあだ名を付けられた子どもが登場したため、同病院が「子どもの人権を侵害している」「養護施設に対する偏見を助長する」との理由からテレビ局に番組の放送中止を申し入れたことで注目されました。

この病院が生後２週間以内の新生児を対象にこうした試みを始めた目的は、望まない子を妊娠した親が中絶をしたり、子育てのできない親が子どもを放置ならびに虐待したりするのを防ぐということです。この試みに対しては、親の都合で生命の危機に晒《さら》されている赤ちゃんを救うという人道的意義の一方で、「ポスト」

の設置は親の育児放棄を助長するとの批判があります。

熊本の病院はキリスト教的人道主義に基づいてポストの設置に踏み切ったと思われますが、そもそも「赤ちゃんポスト」の意義とは、子どもを育てたくない親から子どもを育てたい親へ赤ちゃんを移してあげることです。なぜなら、それがポストに入れる親、ポストに入れられた赤ちゃんを預かって育てる親、そして赤ちゃん自身のすべてを満足させるからです。

日本の里親制度は１９４８年に導入されましたが、あまり広く活用されているように思えません。日本には子どもは血のつながった親が育てるべきという「神話」があるようです。その根拠は、自ら腹を痛めて産んだ子どもを愛していないはずはないし、また産んだのなら愛すべきということなのでしょう。血のつながった親から子どもへの愛はあって当たり前という考え方です。

ですが、こうした規範をすべての家庭に押しつけたとき予想される結果は、望まない子どもを産んだ親による虐待や殺人です。無力な子どもたちの命が危険に晒されるのです。ここでのポイントは、こうした現状を救うのは「赤ちゃんポスト」ではないということです。目を向けるべきは、ポストに預けられた赤ちゃんを引き取って育てる親とそれを支援する里親制度のほうではないでしょうか。

この制度を定着させるには、「子育てをしたい」と思える夫婦をいかに見出すかが鍵になります。日本には、「子どもに家業を継がせたい」「子どもにわが家の墓を守ってもらいたい」「将来は子どもの世話になりたい」など自分の子どもにあれこれと期待する親はたくさんいるでしょう。

では、「子どもは可愛い」「子どもの成長を見るのがうれしい」と思って子どもを産み育てる親はどのくらいいるのでしょうか。前者の親は血筋にこだわるかもしれませんが、後者は別に血のつながっている子どもでなければならない理由はありません。「赤ちゃんポスト」がうまく機能するかどうかは日本に里親制度が根付くかどうかにかかっているのです。

＊この病院では「こうのとりのゆりかご」と称されています。（http://jikei-hp.or.jp/cradle-of-the-stork1/）

（注1）「新出生前診断　染色体異常、確定者の97％が中絶」『日本経済新聞』２０１４年６月27日（http://www.nikkei.com/article/DGXNASDG2703S_X20C14A6CC1000/）より。

（注2）そもそも検査を受けにきている妊婦は、何か「異常」があれば中絶することを視野に入れていると考えられます。なぜなら、どんな赤ちゃんでもいいと思っている母親はこうした検査を受けるとは考えにくいからです。

（注3）総合テレビ「あさイチ」（２０１４年７月23日放送）より。ここで紹介する内容はすでに信田さよ子氏が多くの著作を通じて情報発信しています。たとえば、『愛情という名の支配』（海竜社、２０１３年）、『母が重くてたまらない』（春秋社、２００８年）、『重すぎる母　無関心な父』（静山社文庫、２０１１年）など。

（注4）「毒親」という呼び名は、スーザン・フォワード『毒になる親　一生苦しむ子供』（講談社＋α文庫、２００１年）に由来します。

（注5）「毒親に育てられて～毒親育ちのカウンセラーがおくる本当の自分を取り戻す方法～」（http:// ameblo.jp/healingcafe77/）より。

（注6）アルコール依存症や虐待など子どもの成育に悪影響を与える家庭環境で育ち、成長してもなお精神的影響を受ける人のことをアダルト・チルドレンといいます。「母が重たい」と感じる女性たちのなかにも少なからずこうした人たちが含まれていると考えられます。

（注7）信田さよ子『重すぎる母　無関心な父』（２０６ページ以降）では、「愛情という名の支配」の危険性が指摘されています。

（注8）読者の方にご理解いただきたいのは、私が「心配」そのものを否定しているのではないということです。

ここで私が申し上げたいのは、心配は利己心の表われであるため、それを自覚し、一人密かに心配しておけばいいのであって、あえて相手に伝えて心理的プレッシャーをかけるのは望ましくないということです

（注9）法務省ホームページ（http://hakusyo1.moj.go.jp/jp/58/nfm/n_58_2_7_4_2_4.html）より。

（注10）慶應義塾大学双生児研究グループ（http://kts.keio.ac.jp/index.php）によれば、父親の躾には子どものモラルを高める効果があるとの結果が示されています。このグループの研究では、遺伝的にモラルの低い子どもがいた場合、父親は躾を強化する傾向にあり、その結果、モラルはある程度改善されるため、結果として躾の強化とモラル改善は無相関に見えるだけと指摘し、前者の効果を双子サンプルを用いることで取り除くと、後者の効果が有意に出ると指摘しています。

（注11）エディプス期（4歳〜6歳）の子どもが自立の道を歩んでいくうえで父性の役割が重要という話はよく知られていますが、ここではそれ以降の時期も含め、子どもべったりで過干渉になりがちな母親をどう子どもから引き離すかが主たる関心事です。

（注12）「理系女子（リケジョ）」「林業女子」などは差別用語というわけではありませんが、女子の少ない分野にあえて入ってきたというニュアンスから統計的差別を反映するものと解釈できます。

（注13）この点については、拙著『子どもをナメるな』（ちくま新書）に詳しく書かれています。

第5章

祖父母と孫、そして親との三角関係

祖父母と孫の関係はきわめて興味深いものです。まず、血縁はあるものの親子ほどの強いつながりはありません。そして年齢が離れているため、ともに過ごせる時間が限られています。どのような親子も一定期間は必ず同居しますが、祖父母と孫の場合は同居する場合としない場合があり、その形態にもばらつきがあります。こうした特徴がどのように両者の関係に表われてくるかをここでは考えます。

孫はなぜ可愛《かわい》いのか

私にはまだ孫はいませんのでわかりませんが、世間一般の常識ではどうも「孫は可愛い」ようです。たとえば、1999年リリースの「なんでこんなに可愛いのかよ、孫という名の宝もの」という有名な歌い出しで始まる「孫」という歌は、オリコン演歌チャートで26週連続1位を獲得し、CDを累計で230万枚売り上げたといわれています。

「孫が可愛い」理由は簡単です。原則として祖父母は、孫が可愛いと感じられるときしか会わないからです。

第1子出生時の母親の平均年齢は30歳、父親は32歳ですから、祖父母と孫は約60歳離れていることになります。したがって、両者の会う頻度が高いのは、せいぜい最初の10年間くらいでしょう。その後は、孫も部活動やら受験やらで忙しくなってしまいます。どんな子どもも、だいたい10歳くらいまでは可愛いのです。

基本的に祖父母が孫と顔を合わせるのは、七五三、入学式、誕生日、お正月などの行事があるときぐらいでしょう。これらはすべておめでたい席ですから、初めからハッピーなシチュエーションが用意されています。美味《おい》しいものを食べたり、プレゼントやお年玉をもらったりするので、孫はご機嫌でニコニコしています。これで可愛く見えないわけがありません。

二世帯住宅などで同居している場合も同じです。親子なら生活のさまざまな場面で顔を合わせますから、互いに機嫌の悪いときにぶつかったりすると、ついいらぬことを口走って喧嘩《けんか》になったりしますが、祖父母と孫ならタイミングを図ることができます。お互い機嫌の悪いときは無理して会う必要はありません。つまり、「可愛い」と思えるときにだけ会えばいいのです。

このように考えると、祖父母の孫への愛情は親の子どもへの愛情よりも特に強いわけではないことがわかります。強いように見えてしまうのは、孫が可愛いと思えるときしか会っていないために、その思いが減殺されず強化され続けてきた結果と解釈するのが妥当といえるでしょう。

祖父母が孫に甘いわけ

子どもの親が祖父母に対してしばしば持つ不満として、「お菓子を与えすぎる」「ゲーム機など余計なものを買い与えすぎる」というものがあります。なぜ親からみてこのような「行き過ぎ」が起きるのでしょうか。

その原因は、祖父母から孫への愛情には利他性があるためです。利他性を持つことは別に悪いことではありません。基本的に相手をハッピーにすること自体に害はないからです。ただ、祖父母の場合は、「孫の喜ぶ顔が見たい」という意味での利他性に限られているところに問題があります。

第4章で述べたように、親の子育てでは利己性が強く出がちです。ここでの利己性とは「子育てはこうあるべし」という親の信念のようなものです。それ自体も悪いことではありません。親が信念を持って子育てをしたおかげで、子どもは目先の誘惑に惑わされることなく無事に成人できたというケースもあるからです。ですが、「こうあるべし」が暴走すると厳しすぎる躾《しつけ》や体罰といった問題が生じます。

利他性の場合もこれと同じなのです。祖父母が喜んで付き合うころの孫は、おそらく10歳未満の幼いころだと思われます。先を見通した合理的判断は難しい年齢でしょう。

だとすると、いま祖父母からもらったお菓子を食べてしまうと母親の作った夕飯を美味しく食べられなくなるという予測まではできないかもしれません。ゲーム機を買い与えればそのときは孫は喜ぶでしょうが、やり過ぎると他のことがおろそかになるということまでは考えません。

祖父母が孫にかける愛情はあくまでその場限りの利他性であって、長い目で見ると子どものためになっていないというのが親の論理です。でも、孫と付き合える時間の限られている祖父母にしてみたら、あとで問題が起きることが予想されたとしても、可能な限り孫の喜ぶ顔を見ていたいと思っても仕方ないかもしれません。

祖父母の利他性を活用する

２０１１年７月に創刊された『孫の力』（木楽舎）という雑誌があります。創刊号から第14号までは、「孫となかよく暮らすためのしあわせ情報マガジン」というコンセプトで編集がなされていましたが、さすがにそれだけでは継続が難しかったのか、第15号以降は、高齢者向け情報誌としてリニューアルし、その中に孫関連の記事を織り込ませるという形をとっています。(注１)

それでもおよそ2年にわたって、よくぞここまで祖父母と孫だけをテーマに記事を掲載し続けられたものと、記者の取材力と編集者のこだわりには感嘆せざるを得ません。そこには、孫を抱いた祖父母の写真、孫を持った有名人へのインタビュー、孫と楽しむ趣味の紹介、孫が喜ぶプレゼント、孫を詠《よ》んだ俳句、３世代生活のアドバイスなど、およそ祖父母に必要な孫関連のありとあらゆる情報が満載されています。

そうした記事に共通しているのは、いかにして祖父母から孫への利他的な愛情を具体化するかというアイデアです。たとえば、第3号は「孫を幸せにする『お金の使い方』大研究」という特集を組んでいて、「ネット書籍販売のアカウントを作って孫が好きなだけ本を買えるようにする」、「温泉旅行やクルージングに連れ出して非日常的な体験をさせる」、「上手なおカネの使い方を教える」など祖父母向けのアドバイスがされています。

こうすることで孫本人はもちろん、孫の喜ぶ顔が見たいという祖父母がハッピーになり、さらにはおカネをより効果的に使うことで経済や社会にもプラスの影響を与えるでしょう。まさに祖父母の孫に対する利他性の有効活用といえます。

親の子育てと祖父母の子育ての「比較優位」

さきほど、祖父母は概して孫に甘く、両親はそれを「行き過ぎ」だと思っているという話をしました。本当に行き過ぎであるかどうかは別としても、祖父母が子育ての「いいとこどり」をしているという不満が両親にはあるかもしれません。

親の子育てが利己主義に傾《かたむ》きがちで、祖父母のそれが利他主義的であり、それぞれのやり方に長所と欠点があるとするなら、双方の長所をうまく活用することでより賢い子育てができるように思えます。

このように、二者を競わせるのではなく双方の得意とする所に注目し、不得意なことを補い合うという発想を「比較優位」といいます。

はじめに両親になくて祖父母にあるものを考えてみましょう。まず第一は時間でしょう。孫が誕生するころの祖父母はすでに仕事の第一線を退いている可能性が高いと予想されます。これから働き盛りを迎える両親よりも時間はたっぷりあるはずです。

第二はおカネです。これは祖父母の現役時代の経済状態にもよりますが、子育ても含めこれから生活費が増えていく若い夫婦よりも余裕はあるでしょう。第三は経験です。年の功ともいいますが、祖父母は長い人生を送ってきているので、両親よりも豊富で多様な知見や教養を身につけています。そして、第四は客観性です。祖父母と孫の間には適度な距離感があるため、孫の状態を客観的に見ることができます。

それでは、祖父母になくて両親にあるものは何でしょうか。第一に当然のこととして若さと体力です。スポーツなどの体力を要する遊びは祖父母には不向きです。

そして、第二は責任です。孫に会いたいときにだけ会えばよい祖父母と異なり、親は保護者として子どもを見守る義務があります。実際、刑法第２１８条には「保護責任者遺棄等」として、保護者である親が子どもを遺棄したり、保護しなかったりしたときは3月以上5年以下の懲役に処する、と定められています。

親と祖父母の望ましい関係とは

親と祖父母の比較優位を活かすには、両者が良好な関係を持続していなければなりません。この点について親が留意すべきことは、祖父母の孫に対する利他的な愛情をいかに持続させるかに尽きるでしょう。(注2)

前にも申し上げたとおり、祖父母が孫を可愛がってくれるのは、可愛いと感じられるときだけ会っているからです。したがって、祖父母には孫を可愛いと思い続けてもらう必要があります。

具体的な方法としては、第一に孫と会う頻度を適度にコントロールしなければなりません。あまり頻繁《ひんぱん》に会っていると、面会の希少価値が失われ、祖父母が孫のために一肌脱ごうという意欲を減退させてしまいます。次に会うときには孫のために何をしてあげようか、などと祖父母があれこれ考えられるだけの時間的なゆとりが必要です。

第二は、面会時間を長すぎないようにすることです。一緒にいる時間が長くなるとお互いに飽きてきて、孫も不機嫌になります。そして体力のない祖父母は疲れ果て、孫の機嫌をとるために楽な方法に流れるでしょう。つまりお菓子を与えすぎたり、テレビばかりを見せたりするようになるのです。これは親の意に反する結果を招きます。

他方、祖父母にはどのような工夫が求められるでしょうか。最も重要なことは、親には子どもを保護する責任があり、子どもをガバナンスする権限は親に与えられているという点です。ですから、子育ての責任者である親の面目を潰《つぶ》すような行為は慎まなければいけません。

このテーマを扱っている本には具体的なノウハウがたくさん書かれています。(注3)

たとえば、親が子どもに説教をしているとき、祖父母が孫の肩を持つことは避けるべきだといいます。

特に、母親の子育てを批判することは御法度《ごはっと》で、祖父母に悪気はなくても「お嫁さんが心を閉ざし、その後の会話ができなくなる」という最悪の結果を招いてしまいます。母親に嫌われれば、孫と会う機会は失われてしまうのです。

もちろん、祖父母の目から客観的に見て、親の躾がちょっと厳しすぎるように思えるときもあるでしょう。そうしたときは大抵、親が切羽詰《せっぱつ》まった状況にあることが多いので、孫の肩を持って親を追い詰めるよりも、親に優しいことばをかけたり、親の負担を軽くしてあげるほうが効果的だそうです。

祖父母の役回りは、口は出さずにカネを出し、あくまで親を立ててサポート役に徹するということのようです。これが結果的に孫との良好な関係を維持することにもつながるのです。

二世帯住宅を考える

２０１５年１月の相続税増税を前に、二世帯住宅が再び脚光を浴びています。その

「二世帯住宅」の対象が広がった

2013年まで	2014年以降
二世帯が家屋内で行き来できる共有型であることが必要。玄関が別々で外階段などの、完全分離型は「同居ではない」と見なされた。	外階段のみで家屋内で行き来できない完全分離型の二世帯住宅でも、「同居」と見なされるように。

『日経マネー』2014年2月号をもとに作成

理由は、２０１４年１月に小規模宅地特例の要件が緩和されたためです。

具体的には、それまでは内部が完全に仕切られている二世帯住宅は別居とみなされ、相続時の評価減という恩典が適用されませんでしたが、２０１４年以降はそれが適用可能となり、相続税対策としても有効な手段となったのです（上図参照）。

そもそも二世帯住宅は別居と同居双方のデメリットを緩和する妥協の産物として考え出された居住形態です。すなわち、別居すると寂しいし不安だけれども、かといってすべて一つ屋根の下ではプライバシーがなく煩《わずら》わしい、それならば同じ建物を2

二世帯住宅にした理由

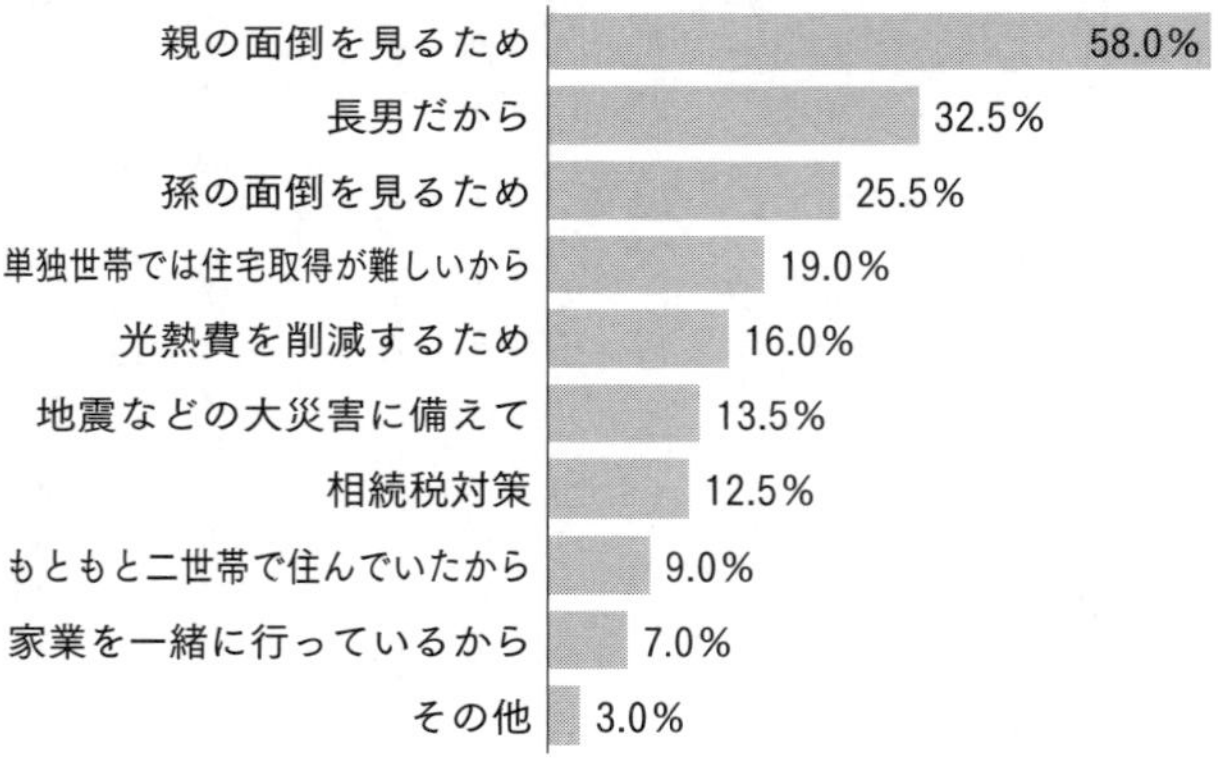

『日経ホームビルダー』2012年8月号より

つに分けて住めばいいというアイデアです。

上の図は、『日経ホームビルダー』（日経BP、2012年8月号）が実施した二世帯住宅居住者200人へのアンケート調査から、二世帯住宅にした理由に関する回答結果を引用したものです。

これを見ると「親の面倒を見るため」「孫の面倒を見るため」「単独世帯では住宅取得が難しいから」が上位となっていて、「相続税対策」はまだあまり多くありません。

祖父母にとってのメリットは、可愛い孫との物理的距離が縮まるうえに、子ども夫婦が近くにいるという安心感があります。他方、子ども夫婦にしてみると、プライバシーに多少の犠牲は払っても、祖父母に孫の世話を頼める点や、住居取得コストを節約できる点が大きなメリットで、親の面倒を見るのはその対価という位置づけが透けて見えてきます。

そして最も重要なことは、二世帯住宅が規模の経済性を犠牲にしている分だけ高い建設費を要するうえに、一旦建ててしまうと後からの変更が難しいため、子どもによる親の介護に対する強いコミットメントを意味するという点です。住宅にコストをかけたことで後戻りをしにくくしていると解釈できます。

ただ、このアンケート結果のなかで興味深いのは、回答者のおよそ3割が二世帯住宅に満足していないという点です。その理由としては、「内部通路を通って親が自由に入ってくる」「光熱費を折半しているが親のほうが多く使っているはず」「孫が2階で飛び跳ねている音が気になる」などが挙げられています。建てる前はメリットだと思われていた点が後で不満の原因になっているというのは皮肉です。

なぜ、子どもは親の財産を相続できるのか

相続とは死亡した人の財産を引き継ぐことを意味します。民法の規定によれば配偶者は常に相続人です。配偶者以外の親族には相続権の順位付けがなされています。その筆頭は子どもです。子どもがいないときは孫に相続権が移ります。ここまでが第1順位です。

もし子どもも孫もいない場合は、直系尊属（親や祖父母）に相続権が発生します。これが第2順位となります。そして、直系尊属もいない場合は兄弟姉妹というように相続できる親等が広がっていくのです。

なぜ配偶者と子どもには優先権が与えられているのでしょうか。まず、配偶者は容易に理解できます。配偶者は故人と生活を共にし、故人の財産形成に少なからず貢献してきているからです。そのため相続税についても大幅な控除が認められていて、よほどの額を相続しない限り税金はかかりません。(注4)

では子どもに相続権があるのはなぜでしょうか。子どもは親の経済活動に何の貢献もしていません。それどころか育っていく段階で親に養育費などのコスト負担をかけ

ています。したがって、子どもには血縁という理由だけで親の財産を受け取る権利の正当性はまったくないと考えられ、相続税は100%が当然と思われます。いかがでしょうか?

子どもに相続権を与えることの合理性は別の所にあります。それは親がおもに2つの理由で子どもに財産を残したいと考えているからです。ひとつめは子どもへの利他性です。子どもに財産を残すことによって子どもの経済状態を楽にしてやりたいという動機です。

もうひとつは、子どもに遺産の存在をちらつかせることによって子どもから老後の世話や介護をしてもらおうとする利己的な動機です。研究によると、日本では利己性のほうが遺産動機としては有力なようです。

いずれの動機にせよ、親が子どもに財産を残そうとし、財産を受ける側の子どもがそれを有効活用したいと考えているならば、相続させたほうが社会にとってはメリットがあります。

なぜなら、もし相続税を100%にしてしまったら、親は蓄財のインセンティブを失い、早々に働くのをやめるかもしれません。そして、死ぬまでにすべての貯蓄を使い果たそうとするでしょう。これは社会全体の所得を減らすだけでなく、貯蓄すなわち資本の供給を不足させ、経済にマイナスの影響を与えます。(注5)

祖父母から孫への財産譲渡

これまで繰り返し、祖父母は孫に対する利他性が強いという話をしてきました。そうだとすると、祖父母には孫へ財産を渡す動機があるように思えます。

ここで問題となるのは、民法の規定では孫には常に相続が発生するとは限らない点です。つまり、被相続人（故人）の子どもがすでに亡くなっているときに限り、その子ども（すなわち孫）が法定相続人になれるのです。

だとすると祖父母が子どもを飛び越して孫に財産を相続させるためには、遺言書にその旨を明記しておかなければなりません。でもこれはあまり現実的な策とはいえません。

なぜなら、祖父母が亡くなるころの孫の年齢は20歳そこそこであることが想定され、社会人としては未熟な段階ではないかと思われるからです。そんな状況で祖父母から財産を受け取っても有効活用できるとは思えません。結局は親が財産を管理することになってしまい、祖父母の遺志は反映されないことになってしまいます。

したがって、孫を可愛く思う祖父母が孫のために財産を残したいのであれば、使い道を指定する生前贈与という方法がより適切でしょう。そして、そんな祖父母を後押しする制度が「教育資金非課税贈与」という時限的（2015年12月31日まで有効）な措置です。

これは孫の教育資金に充《あ》てるためであれば、1500万円までの贈与は非課税扱いになるというものです。確かに、若年の孫に対しては、財産そのものを渡すよりも教育費の支援をするほうが合理的と考えられます。

ただ、こうした孫への贈与には注意が必要という指摘もあります。(注6) たとえば、長男夫婦に子どもがいて次男夫婦には子どもがいないケースにおいて、祖父が長男夫婦の成績優秀な孫に教育資金として1500万円贈与をしたとしましょう。そしてその2年後に祖父が亡くなったとします。

通常では、相続開始前3年以内に実施された贈与は、被相続人の死亡時に相続財産に加算され相続税の対象となりますが、「教育資金非課税贈与」はこのルールから除外されています。

しかし、国税庁には「贈与税の申告内容の開示請求」という別のルールがあります。すなわち、被相続人の死亡時から3年以内の贈与については、相続人が贈与税に関する情報の開示請求をすることができるというものです。したがって、後になって次男夫婦が孫への生前贈与の事実を知り、アンフェアだと不信を募《つの》らせ、トラブルに発展する可能性も否定できないというのです。

ただ、前にも述べたように、相続の制度が法定相続人に本源的な権利を保障するためではなく、あくまで財産を有効に利用するインセンティブを与えるためのものと解釈するならば、祖父母が冷静な頭で考えられる時期に贈与しておくことは理にかなっています。特に孫の人的資本への贈与は、何かと物入りな親の教育費負担を軽減するだけでなく、社会全体にとってもプラスの効果を持ちます。

さらにいえば、さきほどの「教育資金非課税贈与」の事例は、全体最適性を考えればきわめて真っ当な祖父母の財産の配分となっていて、それを次男がアンフェアだと感じるということは、普段からあまり交流していないと思われる兄弟のほうに問題があるといえるのではないでしょうか。

孫に対しても、経済力がモノを言う？

今の70代80代の祖父母は、１９９０年代の初めにバブル経済が弾けたときは、すでに仕事の第一線から退いていましたし、現在でも年金や高齢者医療制度が維持できているため、まだ経済的に余裕のある世代といえます。

２０１３年の総務省『家計調査（貯蓄・負債編）』を見ると、世帯主が70歳以上の二人以上世帯は２３００万円も純貯蓄（貯蓄マイナス負債）を保有していることがわかります。それに対して、世帯主が働き盛りの40～49歳家計では、純貯蓄はわずか55万円しかありません。でもこの年代の世帯は一般的に住宅ローンを抱えていることが多いので、この数字だけでは何ともいえません。

それではこれを10年前と比較してみましょう。２００３年の同調査によると、70歳

2060年の日本の人口ピラミッド予測

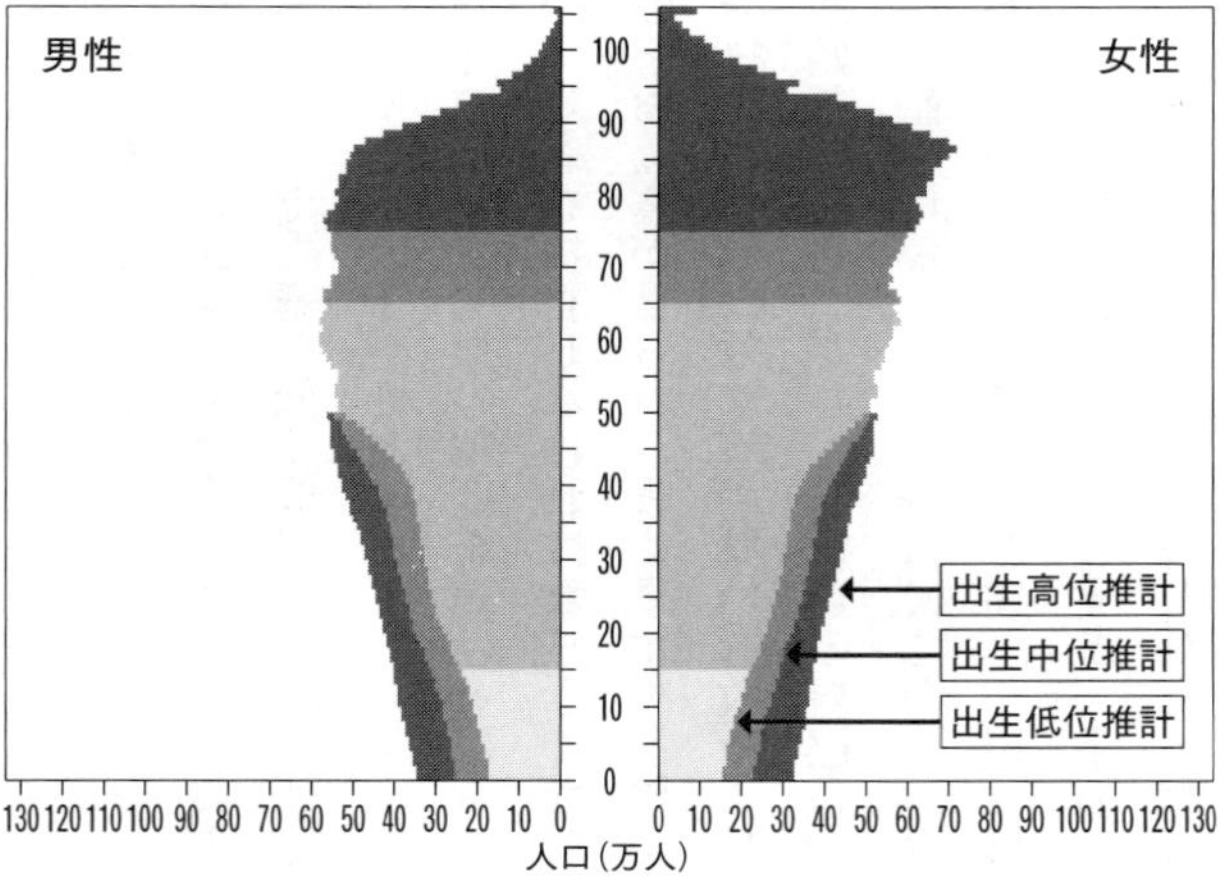

（国立社会保障・人口問題研究所作成）

以上世帯の純貯蓄は２３５０万円、40～49歳世帯では２７０万円です。高齢者も確かに減ってはいますが、働き盛り世代の減り方はきわめて大きいものがあります。実際、この世代の年収はこの間に20万円も減少しています。

ここで注目していただきたいのは、バブル崩壊後の失われた20年間で若い世代の経済状態がかなり悪化してしまったという点です。厚生労働省『毎月勤労統計調査』と総務省『消費者物価指数』を用いて、物価の上昇分を考慮した現金給与総額の伸びを計算してみると、１９７２年～１９９２年の20年間では35％も上昇していたのに対して、その後の１９９３年〜２０１３年では逆に4・6％も下がっているのです。

前ページの図は国立社会保障・人口問題研究所が推計した２０６０年の人口ピラミッドです。出生率を低く仮定した出生低位推計では、65歳以上と20〜64歳の人口はほぼ同数になると予想されます。

現在の年金や医療の制度を続けるならば、現役世代の人たちは自分たちと同じ数だけの高齢者を扶養しなければならなくなります。そうなれば子育てよりも親の介護に時間とおカネがとられ、ますます少子化が進むでしょう。

今後は祖父母に対する手厚い行政サービスは期待できなくなってきます。年金の支給開始年齢もアップし、医療費の自己負担も増えていきます。そうすると貯蓄を持たない高齢者は働かざるを得なくなり、祖父母からはおカネだけでなく、時間の余裕も失われていきます。さきほど述べた祖父母の比較優位は失われていくのです。

「ない袖《そで》は振れぬ」といいますが、余裕がなければ可愛い孫への利他心も発揮しようがありません。結局は「経済力がモノを言う」ということになるのでしょう。(注7)

コラム　オバアサンとオジイサン

第3章ではオバサン化／オジサン化の話をしました。どのようなオバサン／オジサンも孫ができたことによって自動的にオバアサン／オジイサンになってしまいます。ですが、この孫の存在は、オバアサン／オジイサンの行動を大きく変えるきっかけとなるのです。

オバサンは「女性らしさ」を放棄していますのであまり他人からどう見られるかを意識しません。また、オジサンには体力の衰えと男性ホルモン分泌のギャップからくるいやらしさがあります。孫の誕生はこうしたオバサン／オジサンに再び外見を意識させる働きをします。

まず、孫との接触の機会が生まれたことで、孫から嫌われたくないという気持ちが芽生えます。幼児は臭《にお》いにはあまり敏感ではないようですが、「おばあちゃん、くちゃい」などと言われないよう加齢臭には以前より注意を払うようになります。また、孫を連れて買い物に出たときなども、あまりにもオバサン丸出しだと可愛い孫とのギャップが激しく、全体としての見栄《みば》えがよくありません。デパートの子ども服売り場を歩いているときに、店員から「素敵なおばあちゃん」と思われるよう努力するようになります。

オジイサンも同じです。加齢臭や下品な振る舞いは孫の前でも御法度です。でもオジイサンの場合は、孫とのアウトドア的な活動が中心になりますので、身体を鍛えておかなければなりません。孫とハイキングに出かけて、途中でバテてしまうようでは格好が付きません。

また、オジイサンは孫に若いころの自慢話をすることも多いと思います。「むかしおじいちゃんは空手が得意だったんだぞ」などと自慢し、孫から「見せて」と言われたときの準備もしておかなければなりません。「今はもうできない」では文字通りの空手形になってしまいます（オヤジギャグですね、反省しています）。

孫の存在はオジサンとオバサンになってしまった人を甦《よみがえ》らせる効果も持っていることがわかります。

（注1）同誌が刊行されたきっかけは、島泰三氏の著作でその名もずばり『孫の力』（中公新書）です。同書は、6年にわたる自身の孫の成長記録を通じて、祖父母が本来的に持っている孫への慈愛の心を社会全体に広げようとする試みです。この著者の孫哲学が雑誌の形に体現されたわけです。

（注2）子育てにおける祖父母の活用を促す本としては、棒田明子『祖父母に孫をあずける賢い100の方法』（岩崎書店）が参考になります。

（注3）この点についての具体策は、『図解　孫にモテるための本』（第三文明社）、『子育てハッピーアドバイス、ようこそ初孫の巻』（1万年堂出版）、樋口恵子『祖母力　娘・嫁・息子を救い孫を守る愛の手』（講談社＋α文庫）などに詳しく書かれています。

（注4）相続税の配偶者控除について、税法の考え方からは、夫婦の年齢はおおむね接近していることが多いことから早晩再び相続の発生する可能性が高く、相続税の二重取りになるのを防ぐためと説明されます。

（注5）行政サイドにとって子どもの相続税を100％にしないメリットは他にもあります。それは子どもに相続権を与えることにより、親の介護などの福祉サービスを行政に代わって担ってもらうという点です。もちろん、相続税を100％にして介護をすべて公的サービスに任せるという方法もありますが、財産相続をめぐる親子間でのやりとりの過程で介護サービスの内容とその対価を決めてもらったほうが合理的かもしれません。実際、自分の介護をしてくれた人に重点的に財産が渡るよう遺言書に記しておく被相続人もいます。

（注6）「親と子の相続」（『週刊東洋経済』2014年8月9日—16日合併号）58〜59ページを参照。

（注7）「祖父母力で決まる格差」（『週刊アエラ』2007年8月13日—20日合併号）に掲載されている親世代に対

するアンケート調査によれば、「祖父母力とは何か」との問いに対して、「経済力」と答えた人が３００人中79人と最も多いという結果が出ています。

第6章

沖縄の家族問題から見えるもの

近年、沖縄で遺産相続をめぐる係争が急増しているのをご存じでしょうか。裁判所『司法統計』によれば、那覇《なは》家庭裁判所が扱った調停事件のうち「遺産の分割に関する処分」は、２００３年からの10年間で、65件から１５９件へと約２・５倍に増えています。これは人口１００万人あたりで１１２件となり、全国平均（１０１件）を上回る数字です。

なぜこのような事態になっているのでしょうか。その背景には、伝統的な沖縄の家族観と本土から持ち込まれた民法上のルールとの乖離《かいり》があります。本章では、こうした沖縄独特の家族制度について考えていきます。

沖縄の祖先崇拝「トートーメー」

沖縄の人たちは祖先をとても大切にします。「トートーメー」とは、沖縄の方言で「尊《とうと》いお方」を意味する「尊御前（トーウメー）」が変化してできたという説が有力で、「ご先祖様」あるいはその霊を祀《まつ》る「位牌《いはい》」のことを指すといわれています。

このような祖先崇拝の起源は、17世紀末の琉球《りゅうきゅう》王朝時代にまでさかのぼります。

当時、士族と呼ばれた支配階級は、王朝の住民たちを統治する方法として身分制度を取り入れました。そして制度確立の手段として、士族と百姓の違いを明確にするため、士族の家柄の正統性を証明する家譜を作成したのです。これが沖縄で父系の血縁集団を表わす「門中《むんちゅう》」の始まりです。

このころ活躍した有名な政治家に蔡温《さいおん》という人がいます。彼は中国系琉球人で、日本名（大和名）を具志頭《ぐし》親方文若《ちゃんうぇーかたぶんじゃく》といいます。1732年、三司官と呼ばれる琉球王国の宰相に就任した蔡温は、『御教条』という法律を発布します。

その中身は、「士農工商」の身分制度に始まり、「孝行」「女人節義」など儒教に基づく徳義を定めたものです。上下関係や親子関係を重んじる儒教は、統治者が住民を管理するうえでとても都合のよいものだったのです。

家系を重んじる門中の発想は、儒教という道徳的側面からの後押しもあり、明治以降、廃藩置県による琉球王朝の終焉《しゅうえん》と身分制度の廃止を機に、しだいに一般庶民へと伝播《でんぱ》していきました。

それに輪をかけたのが明治から大正にかけて実施された土地整理だといわれていま

す。これはそれまで共同体所有だった土地を個人所有に切り換える措置で、それによって村落の共同体意識は薄れ、家の財産を守るという側面から門中化の進展をもたらしました。(注1)

霊媒師「ユタ」の働き

門中はどのようにして宗教的な色彩を持つトートーメーへと進化していったのでしょうか。それを語るうえで、忘れてはならない存在としてユタがあります。

ユタは南西諸島(奄美と沖縄)で活動する霊媒師のことです。こうした霊魂の託宣(神のお告げ)を伝える人のことを一般に巫女《みこ》と呼びます。そのなかでもユタは個人や家族の要望に応じて、占い、厄除《やくよ》け、祈禱《きとう》などを有料で行なっているという点で特徴があります。

ユタがいつから始まったかについては諸説ありますが、「沖縄学」の始祖とも称される伊波普猷《いはふゆう》氏の『ユタの歴史的研究』によれば、琉球に古くからいた神託を伝える「神人《かみんちゆ》」のなかから真の霊媒師として活動できる者たちだけがユタという職業人になったとされています。

琉球／沖縄の歴史を振り返ると、ユタはときの為政者から幾度となく目の敵《かたき》にされてきたことがわかります。その理由は、住民を統率し、近代化を進めようとする政府にとって、死者の霊からのお告げなどという統治できないものに人心が惑わされるのは都合が悪いからです。(注2)

事実、さきほど登場した蔡温も『御教条』のなかで、「ユタは金儲《もう》けのために嘘を申し立て人をたぶらかすため厳禁する」と書いています。明治維新後に沖縄県となってからも、２代目県令の上杉茂憲《うえすぎもちのり》はユタ禁止の通達を出し、それを受けた地元メディア『琉球新報』も「ユタは遊郭と一緒で風俗を乱し人心を惑わす」などと報じました。大正時代になると、ユタ攻撃はさらにエスカレートし、「流言飛語をなすものとして」逮捕され、有罪判決を受けるという事態にまでなりました。

ここでひとつの疑問が生まれます。ここまで弾圧されながら、なぜユタは現在までしっかり生き残ったのでしょうか。それはユタが公務員ではなく、民間の霊媒師だったからです。

税金を原資に提供される行政サービスは、必ずしも国民のニーズという裏付けがあるとは限りません。一方、民間の事業者にとって国民のニーズは絶対条件です。生き残るためには、国民の嗜好《しこう》の変化に合わせてサービス内容を変えていく必要があります。

ユタもこれと同じではないでしょうか。死霊からの託宣を伝える巫女の役割は、儒教の教えと結びつき、先祖の声を伝えるというユタの「仕事」になりました。つまり、家系を重んじ先祖を大切にする道徳心に、古来からある霊媒という神秘性を加えることで、新たな宗教活動へのニーズを作り出したのです。(注3)これがトートーメーの始まりです。

ユタ信仰におけるタブーの存在

宗教活動には信者の行動を縛《しば》る禁忌《きんき》(タブー)の存在がつきものです。たとえば、イスラム教では飲酒はタブーですし、カトリックでは中絶が禁止されています。ヒンズー教徒は牛を食べません。

こうしたタブーは信者にあえて不便を強《し》いることにより、同じルールを守る信者同士の結束を強め、教団を強化する働きをします。

ユタ信仰にもこうしたタブーがあります。それは、「ご先祖様の怒り」を招来するような行ないのことです。

なかでも明確に規定されているのがトートーメー継承に関わるルールです。これは位牌の継承者を父系男子でしかも長男に限るというもので、これに違反する行為はタブーとなります。具体的には次の4つが有名です。(注4)

①タチイ・マジクイ(他系の混合)

ある家に男の子が生まれなかったとき、別の門中の男子を長女の婿《むこ》養子にしたり、妹の息子(甥《おい》)を養子に迎えたりすることはタチイ・マジクイというタブーです(次ページ図参照)。血縁関係のある甥でしたら問題ないようにも思われますが、血はつながっていてもあくまで他系の人間ですので家系の筋目(シジ)が乱されることになります。

タチイ・マジクイとは

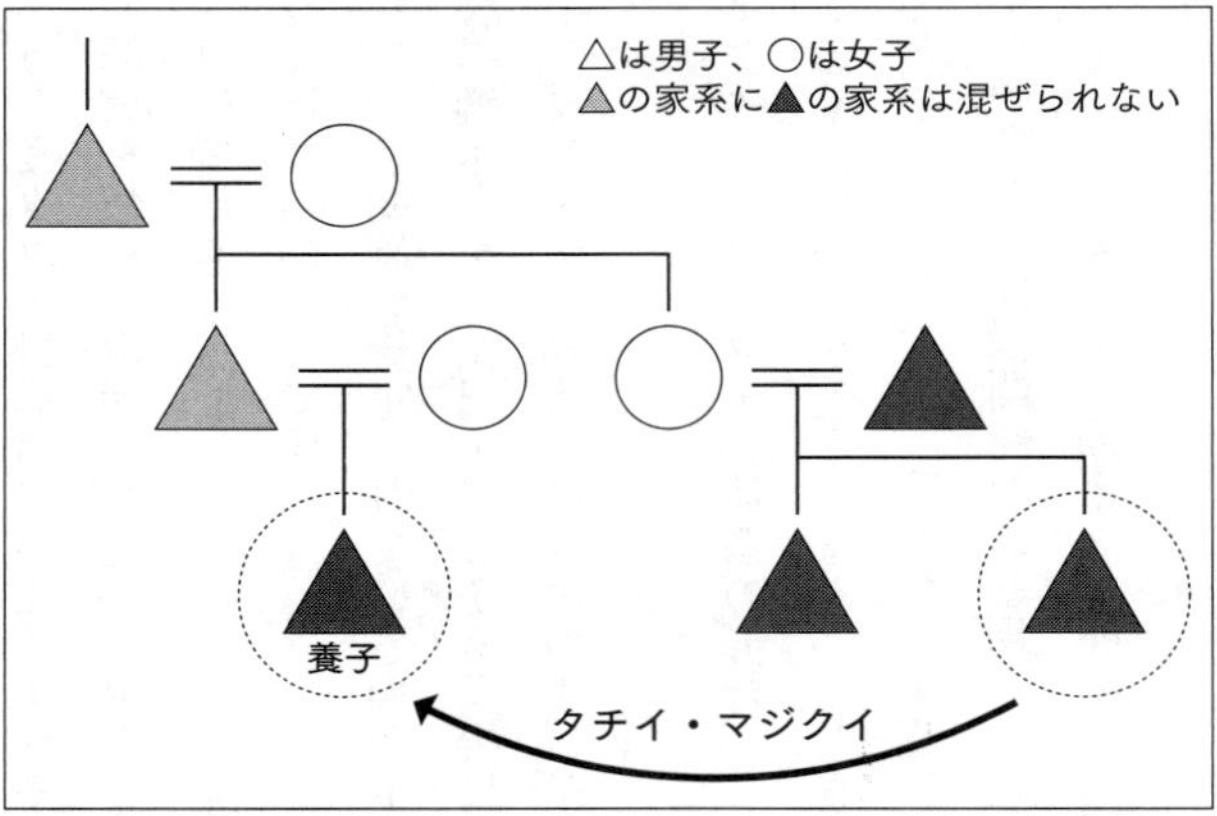

このような場合は、何代かさかのぼって父系血縁集団のなかから長男ではない男子（たとえば祖父の弟の孫など）を探してきて養子にすることで対処します。

そのため、自分は跡継ぎではないと安心していたある家の次男坊が、突然、門中の長老からお声がかかり、別の家の養子になるよう要請されることもあるそうです。

②チャッチ・ウシクミ（嫡子《ちゃくし》押し込め）

これは長男以外の男子が位牌の継承をするというタブーです。たとえば、長男が亡くなるとか音信不通などの理由から次男が代わりに跡を継ぐと、このタブーに引っか

チョーデー・カサバイとは

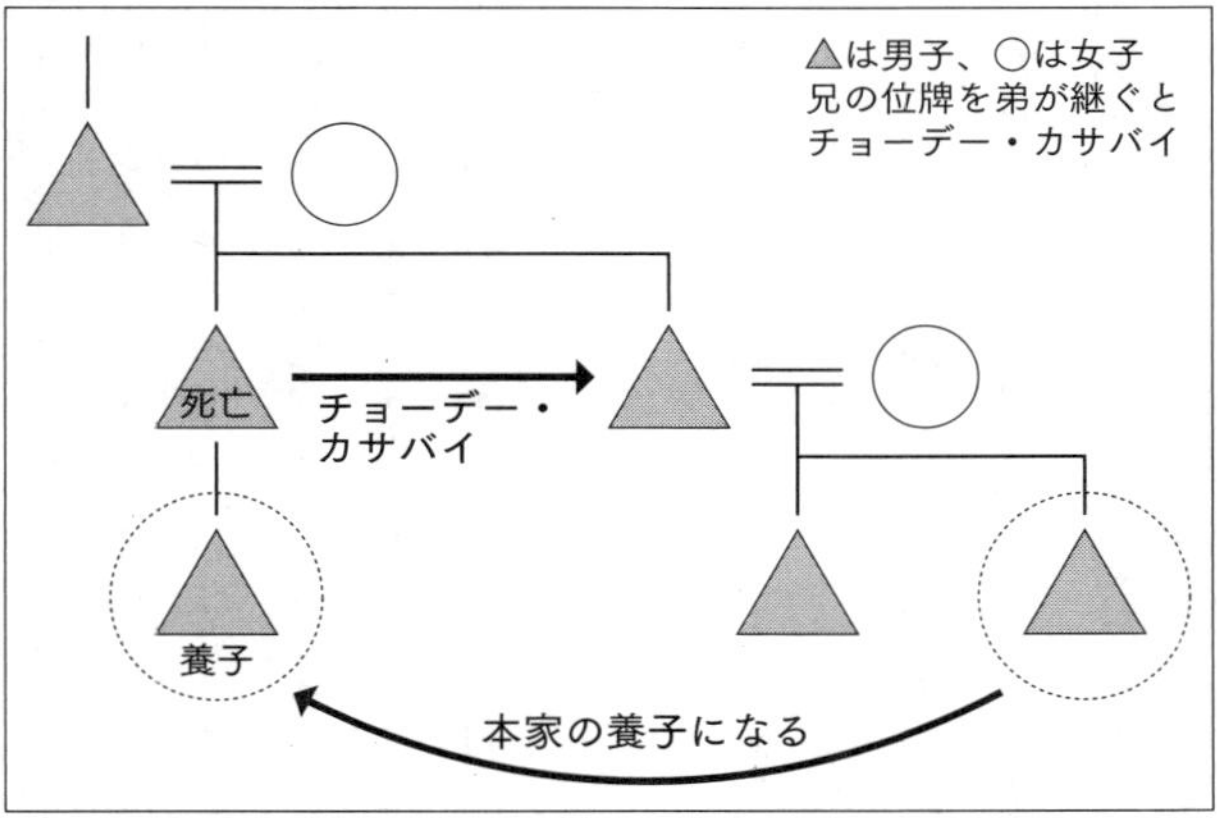

かります。もし、その長男に息子がいて、その子が継承すれば大丈夫です。(注5)

チャッチ・ウシクミを是正するには、タチイ・マジクイと同様の対処をします。あるいは適当な継承者が見つかるまで、分家した次男の家で本家の位牌を預かってもらう方法が一般的だそうです。

③チョーデー・カサバイ（**兄弟重なり**）

ある家に男の子が二人いて、そのうち長男が未婚のまま亡くなったとします。そこで残された次男は、位牌に長男の名前を書き込みました。その後、次男も亡くなり、次男の息子が長男（伯父）の次に次男（父）

の名前も書き込むとチョーデー・カサバイというタブーになります。

位牌はあくまで父系の長男によって受け継がれていくものですから、兄弟の名前を書き込むことは同一世代が並び立つことになり、不適ということになります。

この場合、次男の息子は、親を本家の位牌から外し、新しい位牌を作ることになります。そして本家の後継者が見つかるまで位牌を預かります。もし、次男の息子に男の子が二人いれば、そのうちの2番目を本家の養子にして位牌の継承者にすることもできます。

④イナグ・ガンス（女子の元祖）

トートーメーのルールとして、未婚のまま亡くなった女性や、離婚した後、再婚せずに亡くなった女性は、実家や婚家の位牌に祀ることはできません。そのため、こうした女性の場合は単独で新たに位牌を立てることになります。このように女性を元祖とする位牌はイナグ・ガンスと呼ばれ、これを継承することはタブーとされています。

それではイナグ・ガンスはどう処分するのでしょうか。ひとつは、前の婚家が承諾すればの話ですが、前夫の位牌の下段にその女性の名前を書き込んでもらい、あたかも冥土《めいど》で二人が結婚（グソーニービチ：冥婚）したかのようにして一緒に祀るという方法があります。

ただ、このやり方では、前夫が再婚している場合に合祀を拒否される可能性がありますす。そのような引き取り手のないイナグ・ガンスは、お寺の永代供養墓に祀ってもらいます。以前、私が訪ねたお寺では、納骨堂を設置して、こうしたイナグ・ガンスやその遺骨などを供養することで生計を立てていました。

タブーが持つ合理性

当然ながらすべての家庭で健康な男の子が生まれるとは限りませんし、結婚が長続きするわけでもありません。ですから、これら4つのルールを厳格に守っていくことはなかなか大変です。実際、沖縄の門中では公《おおやけ》にはしないものの、タブー行為をしている家族もあるとされています。（注6）

ルール違反していたとしても、それで何も起きなければ問題ありません。でも、ある家庭で家族が重い病気にかかったり、交通事故に遭《あ》ったり、障害をもった子どもが生まれたりしたとします。そこで、家族がユタに原因を探ってもらったところ、「次男に位牌を継承させたこと（チャッチ・ウシクミ）が家族に災いを起こしている」とのお告げ（ハンジ＝判示）が出たとしましょう。

それに対して、「誰でも病気にかかるし、一定の割合で障害児も生まれるんだからこんなお告げは迷信だ」と割り切れればそれでいいのでしょうが、それでも気になってしまうのが人間というものです。

私たちの身近な例でいうなら、仏滅に結婚式を挙げても構わないのですが、もし後で離婚したとき「だから大安にしておけばよかったのに」と言われたくないといった感じでしょうか。

ユタにとってこれらタブーの存在が「商売の種」になっていることは確かです。沖縄では「医者半分、ユタ半分」と言われるように、病気などの不幸があったとき、医者に病気を治してもらう一方、ユタには病気の原因となっているタブー行為を見つけてもらいます。ユタのなかにはこうした祖先崇拝に関わるタブーだけでなく、家屋の間取りや方角などの「家相」占いを専門とする人もいます。（注7）

こうした宗教的儀式は別に沖縄に限ったことではありません。本土には、信者に対して有料で「厄除けの加持祈禱《かじきとう》」サービスを提供し、経営を成り立たせているお寺もあります。（注8）いかがわしいものになると、「この壺《つぼ》を買えば病から救われる」などのいわゆる霊感商法を利用した宗教団体もあります。

ただ、ユタにとって都合がいいとはいえ、これらのタブーにも一定の合理性がなければ長続きはしなかったでしょう。実際、1898年に施行された明治民法には「家督相続」という考え方がありました。それは、前戸主の所有する財産を次の戸主（おもに長男）に相続させるというものです。

戸主の財産には家の土地建物などの固定資産、預貯金などの金融資産に加え、墓地や位牌など家の祭祀に関わる財産も含まれていましたから、家督相続とは、「家」の財産を所有し管理する役割が、長男に引き継がれていくという意味です。

つまり、トートーメーのルールは、明治民法の「家制度」ときわめて似通った内容だったのです。こうしてみると、ユタ信仰のタブーは家制度と宗教を融合させることにより、本土を上回る厳しいルール遵守を隅々《すみずみ》まで浸透させたという点で合理性を持っていたことがわかります。

さらに、このルール遵守は個々の家族にとってもメリットがあったと考えられます。たとえば、チャッチ・ウシクミやチョーデー・カサバイは、位牌と財産の継承を長男に限定し、あらかじめ次男以下を排除することで、兄弟争いを事前に回避し、財産の奪い合いによって生じる「共有地の悲劇」を防ぐという意味を持っていたのではないでしょうか。

戦国大名の家督相続争いの例をひくまでもなく、兄弟というのは血を分けているにもかかわらずどうも利他心が働きにくい間柄のようです。特に、両親が兄弟を分け隔てしたり、どちらか一方に肩入れしたりするとそれに拍車をかけることになります。ビジネスの世界における兄弟の仲違いは、「アディダス」と「プーマ」の例のように会社の分裂を引き起こします。(注9)それでも会社ならば兄弟喧嘩は市場での競争へと引き継がれますが、家族の場合は血縁によるつながりがすべてだけに、行き着くところまで行くという危険があります。

タチイ・マジクイにしても、位牌継承を門中内の男子に限定することで、他の門中が姻戚関係を通じて他家を乗っ取ろうとするのを防ぐという意味があります。

さらに、イナグ・ガンスのタブーも、女性の結婚を促進し、離婚を思いとどまらせるインセンティブになっているとはいえないでしょうか。早期に結婚すれば、それだけ生まれる子どもの数も多くなることが予想されますから、トートーメーの継承にとっても都合のいい状況を作り出すでしょう。

つまりユタ信仰のタブーは、儒教のルールに基づく家族のガバナンス機能を強化するとともに、門中同士あるいは家族のメンバー同士のトラブルを未然に防ぎ、琉球／沖縄という閉鎖された島国で住民の再生産を促《うなが》しつつ、うまくコントロールする役割も果たしていたのです。

沖縄の風習と戦後民法との矛盾

第二次大戦後、日本国憲法が誕生し、それとともに明治民法も大幅に書き改められました。大きく変わった点は、家単位の財産を監督する家督という表現がなくなり、被相続人の財産はルールに従って相続人に配分されるようになったことです。ただ、墓、位牌、仏壇など祭祀に関わる財産は、例外的に家の財産として継承者を関係者で決めるという規定になっています。(注10)

一方、沖縄ではこの新しい戦後民法の施行が遅れました。その理由は、戦後アメリカの占領下に置かれていたためで、本土に復帰する1972年までは旧民法がそのまま使われていたのです。

民法というのは刑法と違って、従わなければ逮捕されるという性質のものではありません。ただ、民法に違反した行ないは「不法行為」とされ、それを理由に民事裁判を起こし、損害賠償請求ができます。

家の全財産を長男がそっくり引き継ぐ沖縄の慣習は、家督相続を認めていない昭和民法とは明らかに矛盾していますが、沖縄の人たちがそれでもいいと思って納得していれば問題は起こりません。

沖縄返還後、本土との交流が進み、さまざまな情報や新しい考え方が入ってくるにつれ、沖縄に住む若い人たちを中心に価値観の変化が生まれてくるのは当然のことでしょう。

そうした変化が初めて表面化したのは、1980年に琉球新報が連載した「ウチナー〈沖縄の女男〉」という特集記事でトートーメー問題を扱ったときのことです。記事には賛成反対を含め、多くの反響があったとされています。(注11)

さらに、この問題は法廷の場にも持ち込まれました。これがいわゆる1980年の「トートーメー継承訴訟」です。これは、トートーメー継承をめぐって親族の男性と争いになった那覇市内の女性が自らの継承権を求めて、「慣習は男女平等を定めた憲法や民法に違反する」として那覇家庭裁判所に訴えたものです。そして、翌年、裁判所は女性の訴えを認める審判を下しました。

そのころから、トートーメーのルールの正当性をめぐって議論が活発化してきます。法学者からは沖縄の慣習が戦後民法の精神からいかに外《はず》れているかを示す論文、そして評論家からはトートーメー問題は女性解放の視点から考えるべきだとする指摘がなされ、沖縄でも市民向けに男女平等をテーマとしたシンポジウムなどが開催され

ました。さらに慣習を宗教的に支える存在としてのユタにも批判の目が向けられました。（注12）

こうした動きが背景にあって、本章冒頭で述べたような家族レベルでの相続問題が増えてきたわけです。具体的な係争のテーマとしては次のようなものがあります。

・沖縄のルールに基づき長男が単独で相続した財産に対して、その兄弟姉妹が法定相続人としての分け前を主張して争いになるケース

・祖父が亡くなるまえに父親がすでに死亡しているときのトートーメー継承者は父親の長男（孫）になるが、孫には相続権がないため、父親の兄弟に財産が分配されてしまいトラブルになるケース

・子どもがいない夫婦で夫が亡くなったとき財産は妻に相続され、さらに妻が亡くなると妻の親族に相続権が移るが、それに気づいた夫側の門中が新たにトートーメ

ー継承者を立てて財産の返却を請求するケース

これらのトラブルを未然に防ぐには、相続の知恵が必要となります。そうしたニーズを反映して、最近では沖縄の人たち向けに、門中の意向を最大限反映させ、かつ親族の不満を最小にするための相続／贈与の方法や遺言書の書き方などを解説する本が出版されています。(注13)

トートーメー問題の本質

沖縄の家族制度については、戦前の家制度の名残《なごり》に加え、ユタ信仰という宗教的な色彩もあいまって、前近代的システムという印象がぬぐえないところです。

しかし、さきほども述べましたが、民法というのはあくまで争いが起きたときに基準となる法的な枠組みですので、それと慣習との間にズレがあるからといって直ちに沖縄県民が旧習からの悪弊に苦しんでいるとか、ユタ信仰が人びとを歪曲《わいきょく》させているというのは筋違いの議論といえます。

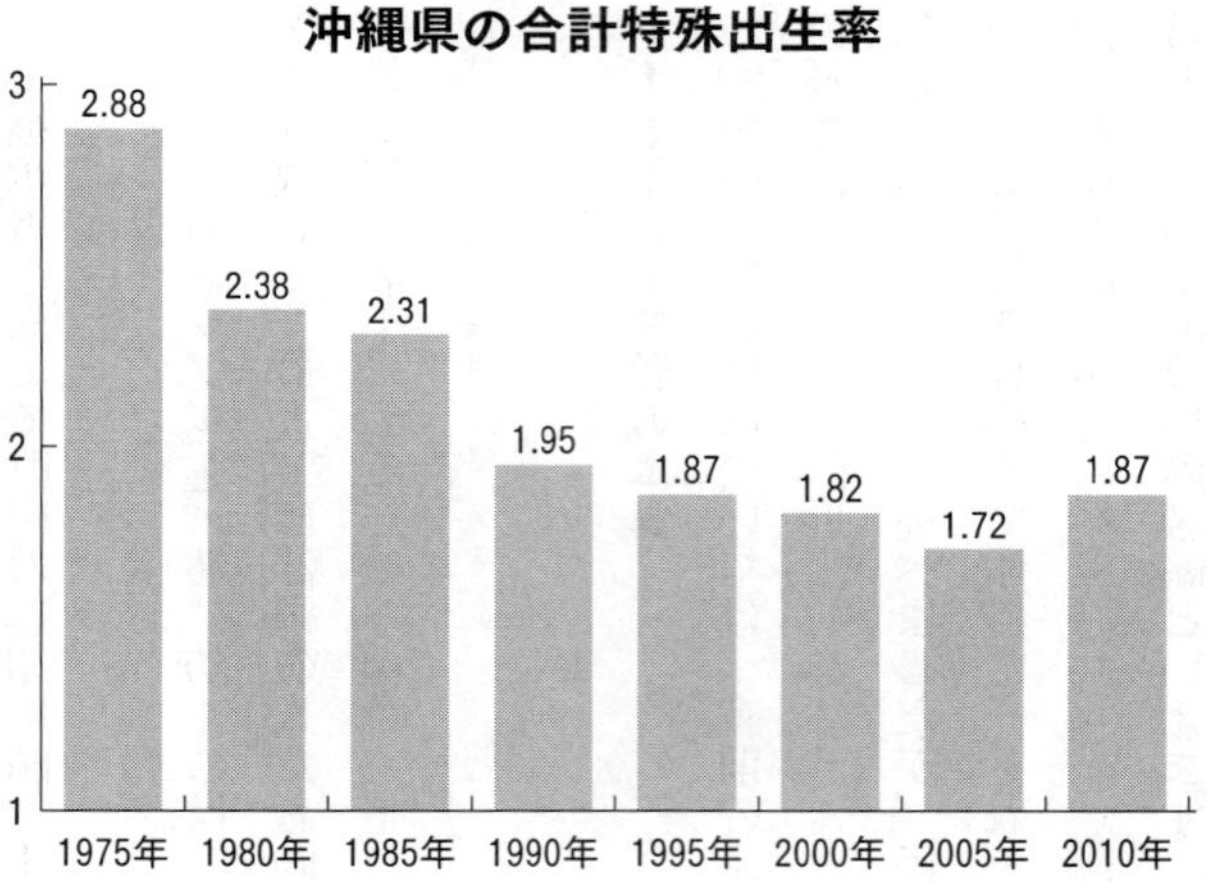

ここで重要なことは、沖縄における環境の変化がどのように住民の行動を変えたかという点です。

たとえば、上のグラフは沖縄県の合計特殊出生率の推移を示したものです。これを見ると、沖縄でも本土と同じように出生率が低下し、最近では1・9付近で安定しているように見えます。この数値は人口置換水準を下回っていることから、このままでは沖縄の家督相続は維持できなくなるという議論も出てきています。

私は、この議論は原因と結果を取り違えていると考えています。すなわち、すでに沖縄の若い世代の人たちにとって、家督相

県ごとの生涯未婚率（女性）

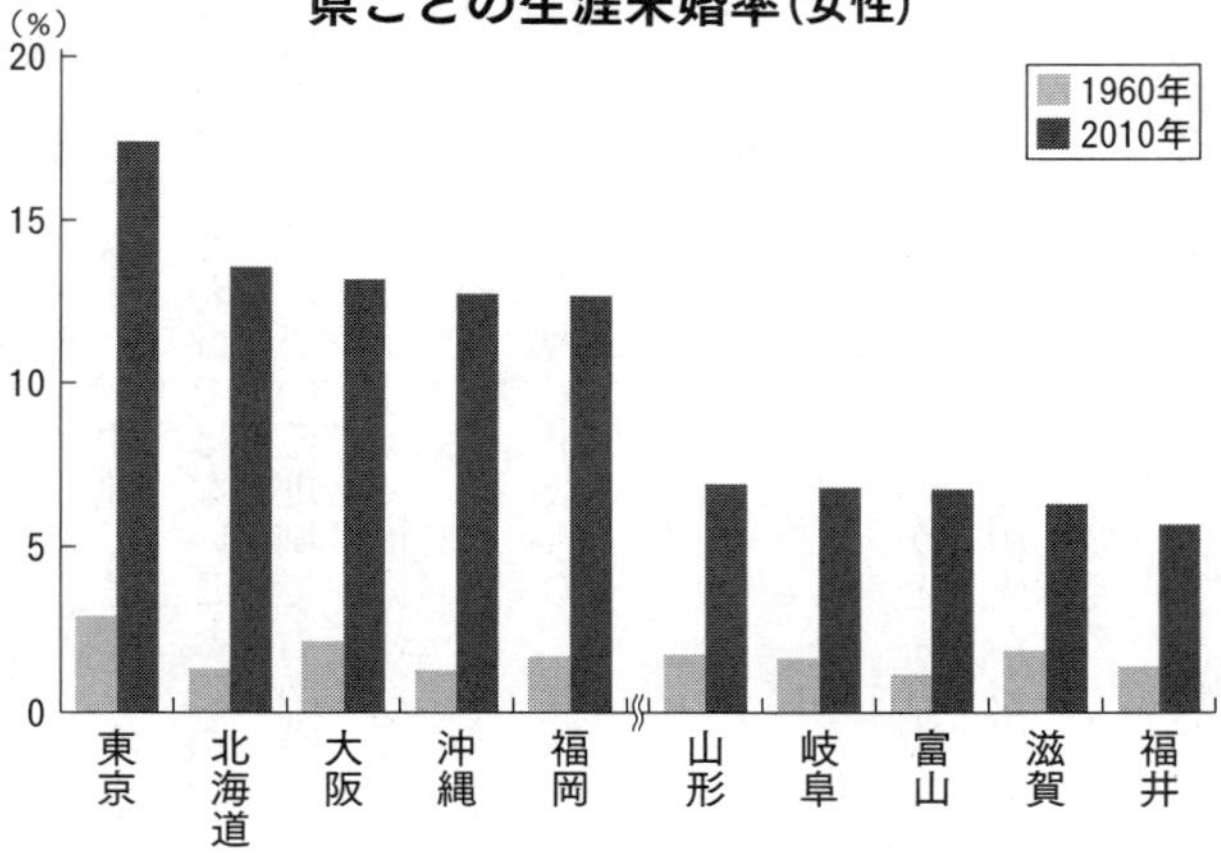

続はそれほど深刻な問題になっておらず、そうした意識の変化が、結果として少子化をもたらしたのではないかということです。

むしろ注目すべきは、沖縄の離婚率（人口千人に対する離婚件数）が１９８５年以来、ずっと全国１位であることや、女性の生涯未婚率（50歳の未婚者割合）も上の図のように50年間で大幅に上昇し、２０１０年には全国４位の高さとなっている点でしょう。

これは必然的にシングルマザーが多いことを意味します。事実、沖縄の「母子世帯（注14）」割合は２・７％でこちらも全国１

位です。

こうしてみると、沖縄ではすでに本土復帰したころから位牌継承のルールが厳格に守られていたわけではないことがわかります。そして、現在では日本の中で最も家族の流動化が進んでいる地域でもあるのです。

つまり、トートーメー問題は、差別解消のかけ声とともに新たに始まった運動のように見えますが、実際には当時盛んだった女性解放運動や男女共同参画などと連動する形でたまたま表に出たものと解釈するのが妥当と思われます。

ユタは変化し生き残る

私が注目しているのは、こうした世の中の動きを受けて民間の霊媒師であるユタがどのような行動をとるのかという点です。

たとえば、ユタによる祖先からの託宣が現世の人たちの負担になっているとするなら、そうならないように変えていくのではないでしょうか。なぜなら、ユタは琉球王朝の時代からさまざまな迫害を受けつつも沖縄の人たちのニーズをがっちりつかむこ

とで生き残ってきたわけですから、今回の変化にもちゃんと対応すると考えられるからです。(注15)

家相占いをするユタが書いた本に次のような記述があります。

建物の下に人骨が眠っていることを知らずに家を建て、住んでいる人が金縛りにあったり眠れなかったりしたという話を聞いたことはありませんか。確かにそういう場合も神様方からの「知らせ」が早く来ます。ここで誤解してほしくないのは、その人骨、つまり家の下に眠っている仏様が祟《たた》ったりしているわけではないということです。人の霊が生きている人間に祟るということは絶対にありません。……神様は威張っているとは考えずに、人間よりはもっともっと大きな存在なのだと理解してください。(長嶺伊佐雄他『カミングヮ』１７７〜１７８ページ)

これは、「家のカミ」と「人の霊」を切り離して考えなさいという勧告です。これは、このユタ独特の世界観という解釈もできますが、両者の関係性をとらえ直すことによって、家相占いというビジネスが従来型の祖先崇拝の影響を受けないようにする工夫だと考えることもできます。

こうしたユタの変化に注目している研究者もいます。

たとえば、新里喜宣《しんざとよしのぶ》氏は、現代のユタに対する聞き取り調査をした結果として、ユタのなかにも、「先祖とは何らかの超越的な力を持つものではなく、それは子孫を温かく見守ってくれてはいるが、現世に生きる人間の意思もしくは内面に宿る霊的な力こそ大切である」とか「先祖が及ぼす影響力を否定するのではなく、それらを肯定的に受け止め、人間の意思こそ尊重されるべきである」などという考えを持つ者も出てきていると指摘しています。そのうえで、新里氏はこうした変化を沖縄の「本土化」の表われのひとつだと述べています。

また、塩月亮子《しおつきりようこ》氏は、2000年に沖縄サミットが開催されたさいのユタによる「神の教え」を引用しつつ、「ユタは、自身の世界観を社会の関係性の拡充に合わせて拡大しながら、現在の激しい社会変動のなかでたくましく生き抜いている」と指摘しています。(注16)

佐藤壮広《さとうたけひろ》氏も、ユタは、「儀式によって悪しき伝統を断《た》ち切り、誇るべき伝統を再帰的に掘り起こす」ことを目指すとともに「自身の現在を意味づけし、アイデンティティを再構築している」と言います。(注17)

これらの研究からわかるのは、ユタが「社会の支配的イデオロギーを遅れて担う(注18)」存在だということです。それゆえに「沖縄でも少子化が進んで女性しか適当な相続者がいなくなった場合には、ユタの唱える基準が嫡子継承から女性継承に変化することも十分に考えられる(注19)」わけです。

一言でいうなら、ユタは「沖縄で現在進んでいる社会変容を映し出す鏡(注20)」ということになるのでしょうか。

沖縄は日本の縮図

沖縄はいま、重大な岐路に直面しています。それは本格的な「本土化」へ向けて突き進むべきか、それとも真の「自立化」を目指すべきかというものです。

これまで沖縄は激動の歴史を歩んできました。４５０年間に及ぶ琉球王国時代ののち、明治政府による1879年の琉球処分で日本の支配下に入り、その後の太平洋戦争で10万人もの犠牲を払ってアメリカの占領下に置かれ、1972年に日本本土に復帰したものの、現在でも在日米軍基地面積の約7割が沖縄にあるという状況です。

そうしたなかでも沖縄の人たちは、自分たちを「ウチナーンチュ」と呼び、本土の人たち（ヤマトンチュ）とは異なる独自の文化を築いてきました。

その基本にあるのが沖縄独特の家族制度であり、それを宗教的な側面から支えるユタ信仰だと考えられます。つまり、血縁を絶やさないために門中で人口の再生産をしっかり行ない、困ったことが起きれば門中内でお互いに助け合うというしくみです。（注21）

そして、そうした文化はトートーメーの継承という形で次世代に受け継がれていくのです。このシステムはどのような為政者が現われても揺らぐことはありませんでした。まさに、沖縄の方言「ナンクルナイサ」（正しい道を歩んでいれば自然になるべきようになる）というわけです。

ところが、このしくみが大きく根底から揺らいできています。原因は先ほどから申

し上げている沖縄の家族制度の変容です。(注22)

沖縄県の出生率はいまだ全国1位とはいえ、すでに20年以上前から2を下回った状態で、もはやトートーメー継承は実質的に破綻《はたん》しているのは明らかです。実際、私が沖縄で取材した方からは、男の子が生まれなかったため位牌の継承ができず、他家やお寺などに預かってもらうケースが増えているという話をお聞きしました。

家族制度の揺らぎは経済の点からも説明できます。トートーメー継承のルールに従えば、本家の財産は位牌とともに長男に相続されることになっていました。

ところが、さきに述べたように、戦後民法の浸透によって沖縄でも財産が子どもに均等に配分されるようになります。そうなると必然的に本家は一門を束ねるだけの財力を失っていきます。こうした理由から、門中のメンバーが集まって盛大に執り行なわれる清明祭(シーミー)などの年中行事も、本家にそれだけの費用を負担する経済力がないために、近年では省力化の方向にあるそうです。(注23)

こうした揺らぎから見えてくるものは、沖縄の社会に本来存在していたはずの自立性が急速に失われてきているという点です。すなわち、沖縄の人たちは、これまで行政の手を借りることなく、門中という家族制度のもとで、人口の再生産、財産の維持、そして福祉サービスを行なってきたのです。

今後このしくみが維持できなくなれば、これまで自由を謳歌《おうか》してきた沖縄の人たちも「生きていくために」行政に頼らなければならなくなります。そして、そのとき県の財政が本土からの援助なしには立ち行かない状態であれば、沖縄は日本の一部として名実ともに「本土化」されるのだろうと思われます。

でもここまで述べてきたことは、沖縄だけの問題なのでしょうか。日本はいま深刻な少子高齢社会の到来を迎えつつあります。高度成長の恩恵として年金や社会保障制度が整備されたことで、親世代の子どもに対する老後の依存度は大幅に軽減されました。

しかし、皮肉なことに、そのことが家族にとって子どもを産む動機を弱めたために少子化を招き、国の制度を揺るがし始めています。

日本独特の文化というものがあるとするならば、それを維持していくためには文化の継承者である次世代の人間を育てること、すなわち人口の再生産が不可欠です。逆にいえば、出生率１・４という現象は、日本の文化がもはや持続可能ではないことを意味しているのではないでしょうか。

沖縄が「本土化」されるのと同じように、人口の再生産ができない日本という国も自立性を失い、真の意味で「国際化」されていくでしょう。まさにその点で沖縄は日本の縮図のように見えるのです。

コラム　沖縄の大家族

２０１４年7月、『沖縄タイムス』に「5世代40人家族の輪」というタイトルの記事が掲載されました。それは、森田吉子さん（95）を頂点とする親族のメンバーが恒例のビーチパーティを開催したという内容でした。同年9月に沖縄を訪問した際、知人のご厚意により、吉子さんならびにご親族３名の方とお目にかかる機会を得ました。

私が最も興味を抱いたのは、このような集まりが生まれたきっかけと、それが35年間も持続している理由でした。まず、きっかけは親族内の「従兄弟《いとこ》」という微妙な血縁関係への着目でした。比較的年齢も近い従兄弟同士が成長するにつれ次第に疎遠になっていくのを防ぐにはどうしたらいいか考えたのだそうです。

お話を伺っていくと、この集まりが長続きする理由もわかってきました。まずは、親族を集めるために模合《もあい》(*)という沖縄独特の相互扶助システムを活用したことです。確かに、メンバーがおカネを出し合い、それを各家族が順番に使うということになれば、従兄弟たちのみならず親族にとっても集まる楽しみが増えるでしょう。そして、模合とは別におカネを積み立て、毎年お盆と年末の2回、総勢73名の親族が一堂に会するパーティを開こうということになったそうです。

2つ目の理由は、早めの世代交代です。親族の集まりではどうしても年長者が幅を利《き》かせがちです。そうなるとお年玉をもらえる子どもはともかく、若い世代の人たちにとって出席するインセンティブはなくなってしまいます。森田家では、このパーティの幹事役をすでに吉子さんの孫世代に移管していて、孫たちが会場の確保からプログラムの内容も考えるそうです。

そして3つ目は、親族間で仕事上のつきあいが一切ないという点です。これは親族に限らないことですが、仕事での関わりがあると時として利害が対立し、顔を合わせにくくなってしまいます。森田家では血縁という絆《きずな》だけで集まっていますので、そうした心配もないといいます。

森田家のカリスマともいうべき吉子さんは、お元気そのもので、とても95歳には見えぬ矍鑠《かくしゃく》としたご様子でした。孫、曾孫《ひまご》、そして玄孫《やしゃご》にまで広がった親族の集まりが、吉子さんの健康長寿の秘訣だといえるでしょう。

＊模合については（注21）を参照してください。

（注1）明治以降、門中化が進んだ背景についての説明は、小田亮「『伝統の創出』としての門中化―沖縄のユタ問題ともうひとつの『想像の共同体』―」に詳しく書かれています。

（注2）塩月亮子他「巫女と遊女の統制史」にはユタ弾圧の歴史についての詳細な記述があります。以下の説明は同論文からの引用です。

（注3）塩月亮子氏は「聖なる狂気」のなかで、「このような弾圧に対するユタの対処法は、成立宗教や民間信仰、科学用語などあらゆる手近な要素を組み合わせて柔軟に世界観を構築し、クライアントの支持を得るという〈ブリコラージュ的戦術〉であった」と述べています。これは、まさに市場のニーズに対応してサービスの内容を変えるという合理的な企業行動と解釈できます。また、小田亮（前掲論文）は、ユタが琉球王朝時代の士族の旧習である門中を庶民レベルで継承させる働きをしたという意味で「伝統の創出」と呼んでいます。

（注4）波平エリ子『トートーメーの民俗学講座』「第5章　位牌継承と禁忌」を参照。

（注5）ただし、長男が7歳未満で亡くなった場合は、位牌に名前を載せず、次男が継承することもあるようです。

御願ドットコム（http://www.ugwan.com/）参照。

（注6）波平エリ子（前掲書）「第6章　これからの位牌継承」を参照。

（注7）長嶺伊佐雄、長嶺哲成『カミングヮ　家族を癒す沖縄の正しい家相』を参照。

（注8）たとえば、栃木県にある真言宗のお寺など。（http://www.choonji.jp/kajikitou.html）

（注9）「アディダス」と「プーマ」はドイツの靴職人の息子兄弟が喧嘩別れしてできた会社です。日本の有名なところでは、とんかつの「井泉」と「まい泉」、バッグの「キタムラ」と「K2」、「一澤帆布」と「帆布カバン㐂一澤」、餃子の「大阪王将」と「京都王将」などがあります。元大関貴ノ花・花田満氏の年寄株相続をめぐる長男と次男の争い（いわゆる二子山部屋騒動）もこれに相当するでしょう。

（注10）民法第897条には、「系譜、祭具及び墳墓の所有権は、前条の規定にかかわらず、慣習に従って祖先の祭祀を主宰すべき者が承継する。」と書かれています。文中にある前条とは財産相続の効力に関する定めのことを指します。つまり、この条文の言わんとするところは、墓、位牌、仏壇など祭祀に関わる財産の相続は関係者で自由に決めてよろしいということです。

（注11）この記事に対する反響については、琉球新報社編『トートーメー考』に詳しくまとめられています。

（注12）島仲憲生「沖縄における祭祀承継の問題点について」、吉武輝子「沖縄の女性解放のうねり」、沖縄県県民生活センター『消費生活相談の事例と40年の変遷』、塩月亮子「聖なる狂気」などを参照。

（注13）山内竡『沖縄の人のための相続・贈与』を参照。

（注14）総務省統計局の定義によれば、「母子世帯」とは、「未婚、死別又は離別の女親と、その未婚の20歳未満の子供のみから成る一般世帯」のことです。

（注15）私が沖縄で取材したときも、トートーメー継承の4つのタブーにばかりこだわるユタは真の霊能力者とは

いえないと断言する方もおられました。そうした沖縄の人たちのユタに対する考え方の変化を受けて、霊能力と歴史学との融合の動きも出てきています。渡久地十美子『ほんとうの琉球の歴史』はその一例といえます。

(注16) 塩月亮子『沖縄シャーマニズムの近代』の第7章「ユタの世界観の拡大」で紹介されている「神の教え」には、「世界の声が、此のうるまの沖縄へそそぐ」「我が沖縄、世界に誇りをもって接する本年こそ勇気を発揮すべき年となれ」などという記述があります。

(注17) 佐藤壮広「伝統をつなぐ拝み／伝統をたち切る拝み」１２９ページ。

(注18) 堀場清子『イナグヤ　ナナバチ―沖縄女性史を探る』２３９ページ。堀場氏はこれに続いて、「琉球王朝以来の、国家権力による弾圧のなかで、権力がとる家父長制へしだいにすりより、男系主義の担い手に転身することで、辛くも生き延びてきた」と述べています。きわめて示唆に富む考察だと思われます。

(注19) 塩月亮子「聖なる狂気」。

(注20) 佐藤壮広(前掲論文)１１３ページ。

(注21) 門中のみに限らず、村落のなかにもこうした助け合いのしくみは存在します。「模合《もあい》」という互助システムがそのひとつです。これは無尽講と似た内容を持つもので、地域の人たちが集まってお金を出し合い、メンバーがそれを順番に(あるいはくじ引きで決めて)受け取るというしくみです(模合については、仲村清司『沖縄学』１３５ページに詳しく書かれています)。金融システムが未整備な発展途上国においては、低所得者同士がお金を融通し合う手段としてこうした方法はしばしば観察されます。詳しくは、J・モーダック他『最底辺のポートフォリオ』などを参照してください。

(注22) これまで沖縄の地元メディアもこうした家族の変容について詳しく報じてきました。たとえば、沖縄タイムス「絆のカタチ」(２０１０年12月31日より30回連載)、安藤由美《よしみ》「復帰40年時の標　家族」(『沖縄タイムス』２

012年12月19日、20日）などがあります。

（注23）そのため、大きな門中では、相続による財産の分割を避けるため、一般財団法人化する動きも出てきています。

第7章

法律は家族を守っているか

この章では、近年話題となっている家族をめぐるさまざまな問題について考えていきます。こうした問題に共通する根本的な原因は、家族形態の多様化、家族メンバーの意識の変化、そして解決手段となるべき法律と現実との乖離《かいり》です。

法律は家族をどう定めているのか

はじめに、家族が法律上どのように扱われているかについて簡単に説明しておきましょう。家族を定める法律のことを家族法と呼び習わしていますが、これは民法のうちの第4編「親族」と第5編「相続」に相当する部分のことをいいます。このうち、「親族」は夫婦や親子など親族間の関係を定義づけ、「相続」は家族の財産が親族によって引き継がれる方法を定めています。

なぜ家族を法律で定義づける必要があるのでしょうか。その理由は家族という最小単位の組織が持っている社会性です。(注1) まず、家族は子どもを産み育てるという、社会を維持していくうえで不可欠な人口の再生産機能を持っています。次に、家族は国を富ませるために必要な労働力の供給源となります。そして、家族は老父母を扶養し、介護する福祉的な役割も担《にな》います。つまり家族のあり方は社会全体に大きな影響を与えるのです。

第6章でも言及した1898年施行の明治民法は、中央集権的な性格を持つ当時の明治政府が、富国強兵という目標を達成するため、国民を統率する手段として家族を利用する法律でした。具体的には、戸籍の筆頭者である戸主に強い権限を与え、家長として家族をガバナンス（統治）させるという「家制度」の導入です。つまり中央政府の上意下達を徹底させるための末端組織として家族が機能するようなしくみを作ったわけです。

第二次大戦後に制定された日本国憲法では、第13条「すべて国民は、個人として尊重される。」とあるように、個人の尊厳と平等が保障されています。そのため、民法も憲法の精神に沿って改正されました。すなわち、封建的な性格を持つ家制度は廃止され、長男の特別扱いなど相続の不平等性も是正されました。

現在の家族法は、明治民法のような統率的な色合いを持つものではありません。しかし、そこには「家族とはこうあるべし」という国家の定めた社会的規範が示されています。すなわち、法律によって個人の尊厳と平等は守られるものの、この「規範」にあてはまらない人はその限りではないという扱いです。

これと似た考え方は他にも多く見られます。たとえば、障害者総合支援法は、障害者との共生社会の実現を謳《うた》っています。障害者が適切な支援を受け、自立した生活を送ることを目指した法律です。でも、この法律が守ってくれるのは「障害者」だけです。障害者であるかどうかは医師の診断によって決められますから、認定されなければどんなに生きづらさを抱えていても支援の対象にはなりません。

私はこのような社会のしくみのことを「転《ころ》ばぬ先の杖《つえ》」型と呼んでいます。(注2)あらかじめ国民全員に転ばないで歩けるように杖を与えておきます。つまり「家族」とか「障害者」を定義し、法律で守られるべき人を決めておくわけです。そうすれば転んだ人を助ける必要はありません。なぜなら、杖を使わないで転ぶのは自己責任となるからです。

このやり方は、行政サイドにとっては事後的に発生しうる統治コストを節約できるという利点があります。しかし、すべての国民が杖をうまく使えるとは限りません。

杖を使いづらい環境にいる人や、使い方を間違えて転ぶ人もいます。

こうした人が増えてくると、杖を作り替えるか、あるいは杖を与えるのはやめて、転んでしまった人を後から助けるというしくみに切り換える必要があります。私はこうした社会を「案ずるより産むが易《やす》し」型と呼んでいます。

「結婚」とは何か——事実婚から考える

家族法で定義された結婚のことを法律婚と呼びます。ただし、それにはいくつか条件があります。たとえば、異性同士であること(注3)、男子18歳、女子16歳以上であること、重婚でないこと、直系血族または3親等内の傍系血族ではないことなどです。この条件を満たさない場合は、法律婚とは認められません。

法律婚は婚姻届が役所に受理されて成立しますから、戸籍法の縛《しば》りを受けることになります。すなわち、夫婦は同一の戸籍に登録され、そのために姓(氏)を統一しなければなりません。この場合、妻が夫の姓に合わせ、夫が戸籍の筆頭者になるのが一般的です。

婚姻届を受理された人は、法律によって保護されます。保護する理由は、結婚によって家族という組織ができ、その一員になったとたんに、個人の自由は多かれ少なかれ制限されることになるためです。

たとえば、結婚して専業主婦になった妻は、収入の道を絶たれ、夫の所得に依存せざるを得ない状況になります。したがって、夫に生活費を負担する義務を課す必要が出てくるのです。こうした婚姻費用負担の他にも、同居や貞操は夫婦が守るべき義務となっていて、違反すれば不法行為とみなされ、損害賠償の対象となります。さらに、夫（妻）が亡くなると遺産の相続権は常に妻（夫）に与えられていて、よほど多額の財産を受け継がない限り相続税はかかりません。

それでは、法律婚の条件を満たさないカップルや、法律婚に課せられている義務を果たしたくないカップルの場合はどうなるのでしょうか。たとえば、現状の結婚生活が破綻《はたん》した状態でも配偶者が離婚に応じず、新しい相手との法律婚ができないときなどです。

こうしたカップルは、婚姻届を出さない事実婚という扱いになります。また、夫婦が同姓を望まず、戸籍のうえでも旧姓を維持したいのであれば、こちらも婚姻届は出せませんので事実婚になります。

事実婚は自由度が高い代わりに、同居や貞操などの義務規定はありませんし、パートナーが亡くなったときの財産の相続権もありません。生まれた子どもの親権も父母のいずれかにしか与えられません。つまり何かパートナー間でトラブルが起きても、ほとんどすべて自己責任ということになります。(注4)

個人であればどのような姓を名乗ろうと、同性愛者であろうと、誰とどのように付き合おうと、法的に差別されることはありません。ところが、結婚ということになるとそうはいかなくなります。「何を結婚と認めるべきか」というあるべき論が登場してくるのです。

結婚の形が多様化し、法律が想定している「あるべき論」から外《はず》れる人たちが増えてきたときに、法律上の結婚の定義を見直す必要が出てくるように思われます。(注5)

父子関係の「推定」と「否認」

民法第772条の1項には、「妻が婚姻中に懐胎した子は、夫の子と推定する。」と書かれています。

さらに2項には、「婚姻の成立の日から200日を経過した後又は婚姻の解消若《も》しくは取消しの日から300日以内に生まれた子は、婚姻中に懐胎したものと推定する。」とあります。この条文はいったい何を意味するのでしょうか。

簡単にいえば、親子関係、特に父子関係を法律によって定義したものです。父子の関係が血縁ではなく、法律によって決まっていると聞いて驚かれた方は多いのではないでしょうか。

正確にいえば、法律は父子を「決める」のではなく「推定する」のです。母子関係は出産という事実により実証されますが、父子の場合はそうはいきません。いちいちDNA型鑑定などしていたら時間と費用がかかってしまいます。そのため法律がその手助けをします。これを法律用語で「嫡出推定」といいます。(注6)

ここでも民法が想定している「まっとうな」の婚姻と出産(懐妊期間300日)であ

民法が想定している「まっとうな」結婚と出産

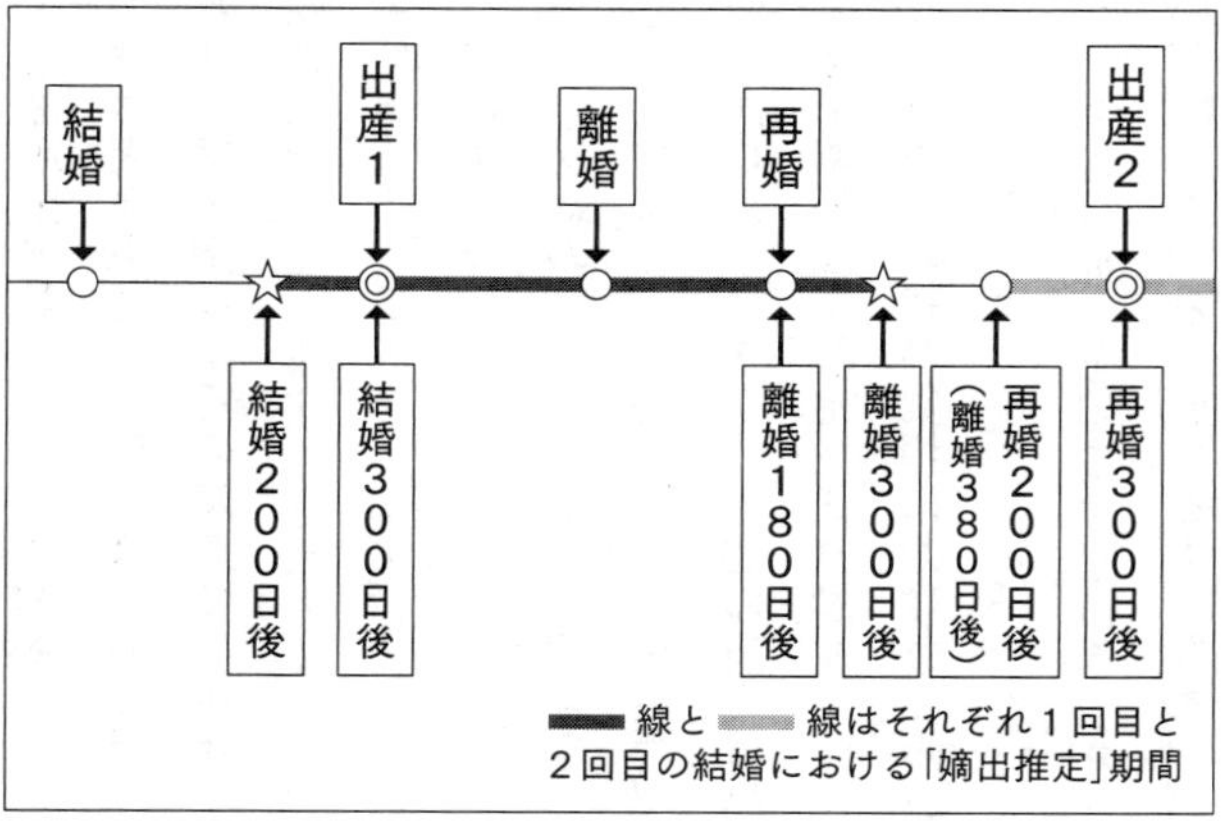

れば何の問題も起こりません。つまり、「性行為は婚姻中の男女に限る」という行動規範をすべての国民が守るということです。さらに女性には離婚後６カ月間は結婚できないという規定がありますので、こちらも加味すれば、出産は必ず結婚から２００日後かつ離婚から３００日以内になります（上図参照）。

そして「推定」された父子関係は、夫がそれを認めれば「確定」されます。つまり、「嫡出推定」とは「まっとうな」家族における父子関係を法的に守るための制度といえます。

一方、民法第７７２条の条件を満たさな

い子どもが生まれたとき父子関係は推定されないため、父親を決めるには誰かが「自分です」と名乗り出なければなりません。これを「認知」といいます。一度「認知」すれば、父子関係はその時点で「確定」されます。

法律によって「推定」された父子関係は、「確定」する前でしたら「否認」することもできます。これを「嫡出否認」といい、否認を申し立てる権利は父親にだけ与えられています。

ただ、父親のいない子どもが増えないようにするため、否認はそう簡単にはできません。すなわち、家庭裁判所に嫡出否認の調停を申し立て、そこで夫婦の合意を得る必要があります。さらに否認の訴えは出生後1年以内と決められていて、それを過ぎると父子関係は「確定」されます。

なぜ否認の権利が父親にだけ与えられているのでしょうか。条文の起草者による説明もあるようですが(注7)、私は「夫のメンツ」を守るためだと解釈しています。

妻が否認の訴えを起こすということは、「すみませんけど実はあなたの子どもではないんですよ」と言われるようなもので夫の面目は丸つぶれではないでしょうか。なぜなら、「他人に妻を寝取られても気づかない愚か者」の烙印《らくいん》を押されるようなものですからね。夫が否認すれば、「不義密通で生まれたんだからオレの子とは認めない」ということで（それでもあまり格好のいいものではありませんが）、とりあえずメンツだけは保てるのではないかと思います。

「確定」された父子関係を解消するには

子どもの出生から1年以上が経過したのち、あるいは子どもを「認知」したあと、父親が自分の子どもでないことを知ったとしても、父子関係は「確定」されているため「否認」できません。また、母親が父子関係を「否認」したいと願っても、父親がそれに応じなければ父子関係は取り消せません。

このようなケースで父子関係を解消したいとき、裁判所に「親子関係不存在確認」の調停の申立てをすることができます。

「否認」が父親に限定されているのに対して、この申立ての権利は母親や子どもといった当事者はもちろん、第三者にも認められています。ただし、乱用を防ぐため、申立てのさいには「嫡出推定が及ばない子」であることの根拠が求められます。この根拠は法律に明記されていませんが、専門家の間では以下の3つの考え方が有力とされています。

第一は血縁説です。DNA型鑑定など確度の高い科学的方法によって生物学的な父子関係が否定されれば、それを解消の根拠とみなします。第二は外観説で、懐胎時期に海外赴任などで夫婦に接触がなかったという事実を提示します。そして第三は家庭破綻説です。夫婦が不仲を理由に別居しているなど性行為が起こりえないことを根拠とする考え方です。

実際の裁判では外観説を根拠とするケースが多いとされていますが、この点については後ほど触れたいと思います。

「できちゃった婚」に法律はどう対応しているか

これは同棲《どうせい》していたカップルが妊娠をきっかけに結婚するケースのことです。このとき、出産は必ずしも結婚から200日後というわけにはいかなくなります。つまり民法の条文通りに解釈すれば、父子関係は推定できず、確定するには夫の認知を必要とします。

「できちゃった婚」のケースでは、妊娠はカップルにとって結婚に踏み切るうえでのコミットメントの役割を果たすものと考えられます。すなわち、同棲という不安定な状態から結婚という安定的な状態へと転換するにあたり、妊娠は二人の関係を後戻りさせにくくする働きをするのです。

そうだとすると、子どもの父親が夫であることはほぼ確定的ですから、出生届を出す窓口で結婚前の関係を詮索《せんさく》された挙げ句、夫の認知が要求されるというのは合理的なルールとはいえません。

実際、厚生労働省『人口動態統計特殊報告』を見ると、2009年の第一子出生のうち実に4件に1件は「結婚期間が妊娠期間より短い」ケースとなっています。これを25歳未満の若い母親に限ると「できちゃった婚」は6割近くにも達し、それ以外の年齢でも割合は年々増加傾向にあります。つまり、「できちゃった婚」は民法が想定する「例外」ではなくなっているのです。

こうした世の中の変化に鑑《かんが》み、戸籍実務では婚姻後200日を経過していなくても、婚姻中の提出であれば夫と子どもの父子関係を「推定」し、嫡出子として出生届を受理することにしています。（注8）法律は変えずに実務で対応するという日本独特の対処法の典型例といえます。

離婚後300日問題

民法第772条に従えば、離婚した女性が300日以内に出産すると子どもの父親は前夫と「推定」されます。「まっとうな」婚姻であればこの「推定」は正しいはずですが、事情によってはそれが正しくないことも起こりえます。

たとえば、夫と不仲で別居していた妻が別の男性と親密になってその男性の子どもを身ごもったとしましょう。その後、離婚が成立し、再婚したのちに子どもが生まれましたが、それは離婚してからまだ300日以内だったため、前夫の子どもだと推定されたというケースです（次ページ図参照）。

このようなとき、そのまま出生届を提出すると子どもの父親は前夫となってしまい

離婚後３００日問題

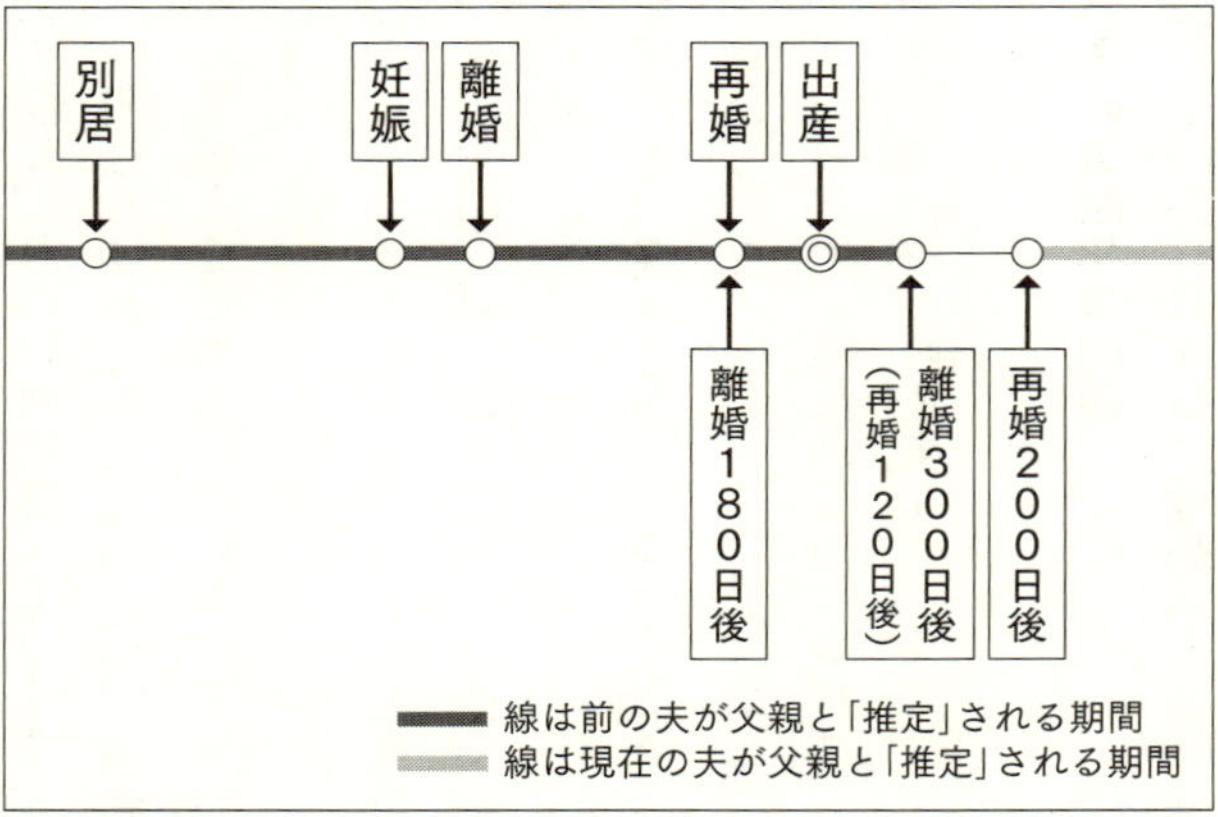

ます。それを嫌った母親が出生届を出さないままにしておくと、子どもは戸籍に登録されません。すなわち、「無戸籍児」となるのです。２０１４年６月には、こうした事情から無戸籍のままになっている40代男性ら４人が実父の認知を求めた会見を行ない、話題を呼びました。

この問題は、現在の民法のもとでも以下の３つの解決方法があります。すなわち、①前夫による「嫡出否認」、②前夫に対する親子関係不存在確認の調停の申立て、そして、③実父を相手とする認知請求の調停の申立てです。

このうち、①では、前夫が出産後１年以

内に否認に応じない可能性があります。②では、女性が不倫していたことを前夫に対して証明しなければならないという苦痛が伴《ともな》います。そして③では、出生届を提出せずに手続きを進めることになりますので子どもが一定期間は無戸籍状態に置かれます。(注9)

こうしたコストをかけずにもっと簡単にこの問題を解決する方法は、母親(と子ども)に「嫡出否認」と「認知」の権利を与えることです。(注10)この方法には一定の合理性があります。

なぜなら、現状放置(ここでは前夫の嫡出推定)によって多くの損害を被《こうむ》る人たち(ここでは母親と子ども)が状況改善の強いインセンティブを持っているからです。そして、同じ結果が得られるのであれば、最もコストのかからない方法を選ぶことが理にかなっているといえます。(注11)

婚外子の遺産相続問題

2013年9月4日、最高裁大法廷は、民法が定めていた遺産相続における嫡出子と非嫡出子（婚外子）の格差について、「法の下の平等を定めた憲法14条に違反する。」という判断を示しました。それを受け、民法第900条4号「嫡出でない子の相続分は、嫡出である子の相続分の2分の1」の部分は、子が数人あるときは「各自の相続分は、相等しいものとする」と改められました。

この改正の背景には、国連において１９８９年に採択された「子どもの権利条約」の存在があります。この条約は婚外子に対する差別を禁止していて、日本は１９９４年にこの条約を批准《ひじゅん》しています。しかし、それに伴う民法の改正が遅れていたため、１９９８年には国連規約人権委員会より「婚外子に対する差別に再度憂慮を示す」と勧告を受けました。

改正されたとはいえ、婚外子を嫡出子と平等に扱うことに対しては、保守系議員などを中心に根強い反対意見があります。それは、「法律婚と事実婚の法的な格差をなくせば国民の結婚観や家族観に誤った影響を与えかねない」（注12）というものです。

しかし、こうした意見の根幹には、「転ばぬ先の杖」的な発想があります。それは、杖を使わない（「まっとうな」結婚をしない）人たちを対等に扱うべきではないという考

世界各国の婚外子割合

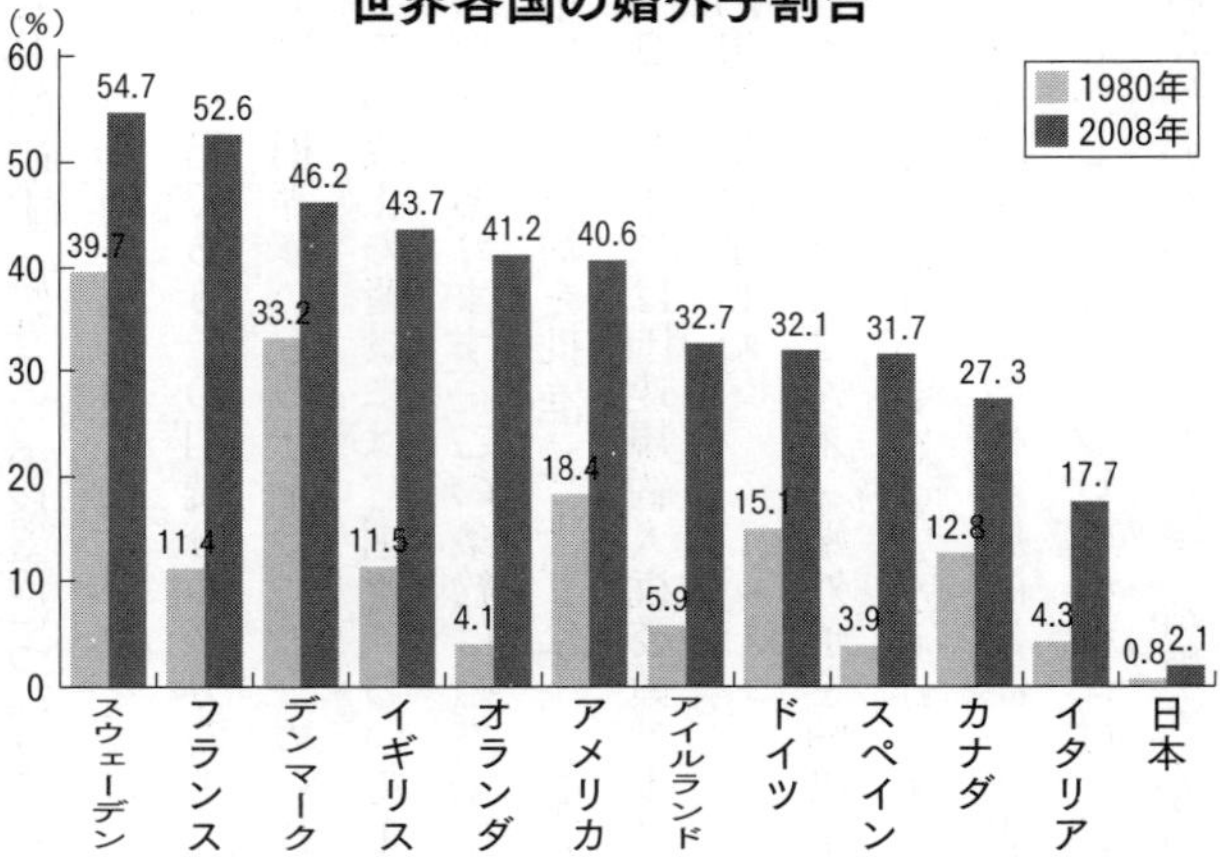

え方です。(注13)

実際、民法第900条を変えなくても、父親がその気になれば婚外子の相続の格差を是正する方法はあります。事実婚の子どもを自分の養子にしたり、亡くなる前に遺言書で配分が平等になるよう書き記しておいたりすればいいのです。

ただ、法律は何もしないとき、あるいはトラブルが起きたときに従うべき「デフォルト」を意味するので、民法で格差を設けているということは、国家が事実婚を「デフォルト」とはみなしていないという解釈になります。

そもそも国連でこのような採択がなされ

た背景には、ヨーロッパを中心に事実婚が当たり前になってきているという事実があります。平成25年版『厚生労働白書』には、世界各国の婚外子割合が図示されています（前ページ図参照）。

これを見ると、ここで取り上げられているすべての国で婚外子割合が上昇しており、スウェーデンやフランスでは生まれてくる子どもの半数以上が婚外子であることがわかります。つまり、このグラフに載っている国では婚外子も立派な「デフォルト」なのです。

DNA型鑑定訴訟の真実

近年、刑事事件の犯人特定の証拠や血縁のあるなしを判定する手段として、DNA型鑑定が多く用いられるようになってきました。これは父子関係の決定にどこまで影響力を持つのでしょうか。

2014年7月17日、最高裁で興味深い判決が言い渡されました。それは、DNA型鑑定によって血縁のないことが証明されているにもかかわらず、法的な父子関係は認められるというものです。

裁判の内容を簡単に説明しておきましょう。婚姻中に夫以外の男性との性行為によって子どもを産んだ女性が、離婚後に前夫に対して「親子関係不存在確認の訴え」を起こしました。

訴えを起こした理由は、その女性が現在、子どもと共に血縁上の父親と暮らしていて、子どももその男性になついているためというものです。不存在の根拠となるのはDNA型鑑定です。一審と二審は「不存在」を認める内容でしたが、それを不服とする前夫が上告し、最高裁は前夫の訴えを認めたのです。

この判決文には、「妻がその子を懐胎すべき時期に夫婦間に性的関係を持つ機会がなかったことが明らかである場合には、親子関係不存在確認の訴えをもって父子関係の存否を争うことができるが、本件においては、懐胎した時期に上記のような事情があったとは認められない。」との記述があります。つまり、裁判所は「外観説」が「血縁説」より優先すると判断したことになります。

「外観」を優先させる理由は、判決にあわせて発表された裁判官の補足意見のなかに見ることができます。少し長くなりますが、以下に引用します。

（今回の裁判で妻の言い分を認めるということは）外観上夫との性的交渉の余地がない妻が出産した子であることが分かる特殊な場合に限らず、外観上夫婦がそろったごく一般的な家庭に生まれた子であっても、たまたま何かの機会にＤＮＡ検査をしたところ生物学上の父子関係がないことが判明した場合は、いつでも、利害関係がありさえすれば誰でも、親子関係不存在確認の訴えを提起して、その不存在を確認する判決を受けることができるというものである。この立場は、法律上の親子は生物学上の血縁だけで結ばれているというに等しいものであり、民法７７２条の文理やこれまでの累次の当審判例に整合しないものである。（松村総合法律事務所ホームページより）

この補足意見が想定しているのは次のようなケースでしょう。婚姻中の妻（Ａさん）が一時の浮気心から他の男性（Ｘさん）の子を身ごもり、Ｃ君を出産したものの、その事実を夫（Bさん）やC君には隠していて何年か経過しました。

のちにXさんが何らかのきっかけでC君と接触し、あまりに自分に似ていることから自分の子にしたいと考え、「君の実の父親は私なんだよ」と告げ、C君にDNA型鑑定を促《うなが》します。C君は生物学上の父が誰かを知りたい一心から検査を受け、その結果、99・99％の確率でXさんとC君は血縁関係にあるということがわかりました。

そこでXさんはBさん相手に親子関係不存在確認の訴えを起こし、幸せに暮らしていたAさんは古傷を暴き立てられ、家庭は崩壊する、といった（どこかのドラマのような）ストーリーでしょうか。

このケースでは、Aさんが何らかの形で不倫の代償を支払わざるを得ないのは仕方ないといえましょう。でも、こうした不倫の事実があったにせよ、家族全員がそれを受け入れたうえで現状に満足しているのであれば、Xさんの個人的な欲求を満たすために家族を崩壊させることに理があるとは思えません。

とはいえ、この仮想的事例と今回の裁判とでは決定的に異なる点があります。それはいつの時点の「外観」を根拠としているかということです。この裁判官の補足意見は「懐胎した時期の外観」と「現時点での外観」をごちゃ混ぜにしています。

裁判で重視されているのは前者、すなわち夫と性行為ができる状況だったか否かです。できる状況なら「推定」し、できない状況なら「不存在」の根拠とするという基準は、「ＤＮＡ型鑑定がさほど普及していなかったころには『外観』によって推測するのが適当」という域を出ていないように思われます。

裁判で父子関係を決めるさい、懐胎したときの「外観」と現在の「外観」のどちらが家族にとって重要かといえば、現在の「外観」であることに誰も異存はないでしょう。今回の判決に問題があるとすれば、それは「嫡出推定」の条文にこだわるあまり、子どもと母親にとっての「現時点での外観」を無視したところにあるのです。

さらに付け加えるなら、この問題は、夫にのみ「嫡出否認」の権利が与えられているために起こったことで、さきほどの離婚後３００日問題と同じく、子どもと親権のある母親に否認の権利を与えておけば当初から裁判にはならなかったのではないかと思われます。(注14)

生殖補助医療の種類

子どもを望まない女性がいる一方、子どもを欲しくても産めない女性もいます。原因は女性サイドにも男性サイドにもあり、こうした男女向けにさまざまな不妊治療サービスが提供されています。一般に、これらをまとめて生殖補助医療と呼んでいます。

たとえば、精子と卵子はあるものの通常の性交による受精が困難な夫婦には、男性から採取した精子を女性の子宮内に入れる「人工授精」や、体外で女性の卵子に受精させ受精卵を女性の子宮に戻す「体外受精」といった方法が適用されます。この場合は、父親と母親がはっきりしており、通常の「嫡出推定」で何ら問題はありません。

問題は、女性の子宮に機能不全が見られるとき、あるいは夫婦のいずれかに卵子または精子が存在しないときに生じてきます。

まず、前者の機能不全のケースでは、第三者（代理母）の子宮を借りて子どもを産んでもらう「代理出産」によって対処します。日本には代理出産に関する法規制はなく、日本産科婦人科学会による自主規制がかかった状況です。

そのため、この方法を望む夫婦は、自主規制に従わない産婦人科医のもとを訪れるか、規制のかかっていない海外で代理母を探すかのいずれかの手段をとることになります。

この場合、生まれてくる子どもの血縁上の父母ははっきりしていますが、実際に出産するのは代理母なのでどちらが法律上の母親か混乱が生じます。この点について民法には規定がありません。

過去の最高裁の判例は、代理母を子どもの母としたうえで、後から生物学上の母と子どもが特別養子縁組(注15)を行なうように指示しています。このとき、代理母が母子関係の取り消しに応じてくれれば問題ありませんが、懐妊期の胎児に愛着が湧《わ》いた代理母から子どもの引き渡しを拒否されるかもしれないというリスクがあります。(注16)

もうひとつの（子どもにとっての）リスクは、生まれてきた子どもに障害があったとき、依頼人が受け取りを拒否するというものです。２０１４年には、代理出産を依頼したオーストラリア人夫婦がダウン症の子どもの受け取りを拒否するという「事件」が報道され、日本でも大きな話題となりました。依頼した夫婦はそのまま本国に帰ったため、子どもは代理母のタイ人によって育てられているとのことです。

一方、後者のケースのうち、卵子がない場合は、第三者から「卵子提供」を受けて夫の精子と受精させ、妻の子宮内に戻すという処置になります。この方法も日本では自主規制がかかっているため、海外で卵子をもらい受けることになります。

ただ、報道によると、受け取るのは必ずしも外国人の卵子というわけではなく、日本人女性が海外に出かけていって卵子を提供するケースもあるそうです。ここでは日本での出産になるため、親子関係は通常の自然分娩と変わりありません。

次に、精子がないときは、第三者の精子と妻の卵子で人工授精を行なう「非配偶者間人工授精（ＡＩＤ）」という方法がとられます。第４章で述べたように、これはすでに１９４９年から実施されている一般的な治療法です。こちらは、精子提供者が生物学上の父親になりますが、民法第７７２条をそのまま適用すれば夫が父親と「推定」されるため、「ＤＮＡ型鑑定訴訟」のところで述べたように、提供者が制度を悪用しない限りは親子関係に問題は生じないと思われます。

生殖医療の評価

	費用	母体のリスク	トラブルが起きにくい	親子関係	親の満足	子どもの満足
人工授精	1万〜3万	小	◎	◎	◎	◎
体外受精	30万	中	◎	◎	◎	◎
代理出産	2000万	—	△	△	○	△
卵子提供	550万	大	○	○	○	△
ＡＩＤ	280万	小	○	○	△	△

出所：ＩＦＣ（https://www.ifcbaby.net/index.html）など

生殖補助医療の評価

専門家の意見などを参考に、前項で紹介した生殖補助医療を私なりに評価してみたのが上の表です。６つの評価項目を挙げてみましたが、ここで特に重要なのは「子どもの満足」です。

なぜなら、生まれてくる子どもは自分の出自を知らないからです。不妊治療を決断するのは親ですから、基本的に親は出産に満足しているはずですが、成長した子どもが経緯を知ってどう思うかまでは不確定です。

医療技術の進歩とあいまって、生殖補助医療の制度化を望む声が増えているなか、子どもを欲しがる親の声だけで立法化を進めてよいかどうか、生まれた子どもの「出自を知る権利」もあわせて法律に盛り込むべきではないかという議論が出てきています。

代理出産では、夫婦の精子と卵子から受精卵を生成すれば、子どもの満足はさほど低くならないようにも思えますが、話はそれほど単純ではないようです。

この点に関する論説はあまり多くありませんが、たとえば、代理出産によって生まれた子どもは、出生の経緯を知ったとき、自分が人間からではなく「モノ」から生まれたと解釈して疎外感を抱くのではないかとの指摘もあります。(注17)

卵子提供とAIDの場合では、出自を知った子どもはどのように反応するでしょうか。第4章でも触れましたが、育ての親に対する感謝の気持ちはあるにしても、それまで知らされなかったことへの怒りの気持ちやアイデンティティの喪失感に苦しむでしょう。

なかには自分と血縁関係にある「真の親」を探そうとする子どもが現われるかもしれません。そして「真の親」を見つけたとき、子どもがどのような行動を起こすかは誰にも予想がつきません。

卵子提供では母親自身が「分娩」を経験するので、「自分の腹を痛めた子」という意味で子どもに対する親近感は湧きやすいでしょう。ところが、ＡＩＤでは父親が自分の精子からではない子どもに、どれだけ愛着を感じられるかどうか疑問視する声もあります。まだあどけなさの残る幼児期には可愛《かわい》く思っても、明らかに自分と掛け離れた姿へと成長していく子どもを見るにつれ、次第によそよそしい態度をとるようになるといいます。父親にもよほどの覚悟が求められる治療法といえます。

このように代理出産、卵子提供、ＡＩＤでは、将来にわたる両親と子どもの満足が大きく関わってきます。現在のように、自主規制がほとんど機能せず、尻抜けの状態を放置するのは望ましいとはいえません。しかし、制度化するにしても、治療を受ける両親に簡単に後戻りできない強いコミットメントを課すようにしないと、すべてのしわ寄せが子どもにだけ及ぶことになりかねないでしょう。

家族法は個人を守っているか

ここまで近年の家族をめぐるさまざまな問題を拾い出してみました。それらを見て、読者のみなさんはどうお考えになったでしょうか。

本章の冒頭でも申し上げましたが、戦後民法における家族法は、家族という組織に所属した個人の尊厳を守るためにあります。これは国家が国民を統率することを目的とした明治民法と決定的に異なるところです。

家族法の専門家のなかには、現在の民法は明治時代の発想をいまだに引きずっていると考えている人もいます。(注18)さきほど取り上げた「離婚後300日問題」にしても「DNA型鑑定訴訟」にしても、民法は個人を守り切れていないというのがその理由です。

この点についての私なりの解釈は以下のようになります。憲法第13条が個人の尊厳を規定していたとしても、実際にどの個人をどう守るかは個別の法律で定めることになります。そのとき、あらかじめ守るべき個人の範囲を限定し、その枠に収まった人たちだけを助けようとするのがいわゆる「保守」の考え方です。私はそれを「転ばぬ先の杖」型と呼びました。

範囲を定めるうえでの基準は、日本の伝統的な（といってもたかだか明治以来ですが）価値観ということになります。つまり家族法で守られるのは「まっとうな」家族を作っている人たちだけです。

しかし、国民一人一人の価値観は時代とともにどんどん多様になってきていて、もはや一定の枠に収まりきらない状況です。また、第2章で述べたように、文明の利器の登場によって、家庭内では個人化が進み、家族のメンバー間ですらそれぞれの価値観を理解し合うのが難しくなっています。つまり、今の法律では想定していない人たちが増えてきているのです。

そうなったとき、「保守」の人たちは、変質してしまった家族をなんとか「まっとうな」状態に戻そうとします。(注19)「まっとうでない」家族を救えば、ますますそうした家族が増えてしまい収拾が付かなくなると考えるからです。

一方、リベラルな考えを持つ人たちは、時代の変化にあわせて法律を改正し、なるべく多くの人たちを事後的に救おうとします。私はこうした発想を「案ずるより産むが易し」型と呼んできました。

家族というものが常に愛情を基本として形成され、血縁によって固く結ばれているのであれば「転ばぬ先の杖」方式でもうまくいくでしょう。第3章から第5章にかけて述べてきたように、家族のメンバーがみな利他的な行動をとれば、家族の抱える問題のほとんどは解決されるでしょう。でも、残念ながら人間は多かれ少なかれ利己的であり、目先の利益に目がくらみ、誘惑に勝てない「弱い」存在です。

こうした前提にたてば、家族のあり方についても、愛情や血縁を頼りにした集団ではなく、利己的な個人が集まって作る組織であるという理解が必要になります。

家事や育児といった「家庭内公共サービス」は、もはや妻の「愛情」のみに頼るやり方ではうまくいきません。妻にも一人の人間としての生きがいがあり、それを実現することで得られる個人としての幸せがあるからです。

そして子どもにも自分の生きがいがあります。「愛情」の仮面を被った親の過剰な干渉が子どもの自立を阻《はば》み、成長を歪《ゆが》ませるというリスクの存在を知っておかなければなりません。家庭内の主たる稼ぎ手である夫も家事や育児を妻に任せきりにしてい

各国の婚外子割合と出産率の関係(2008年)

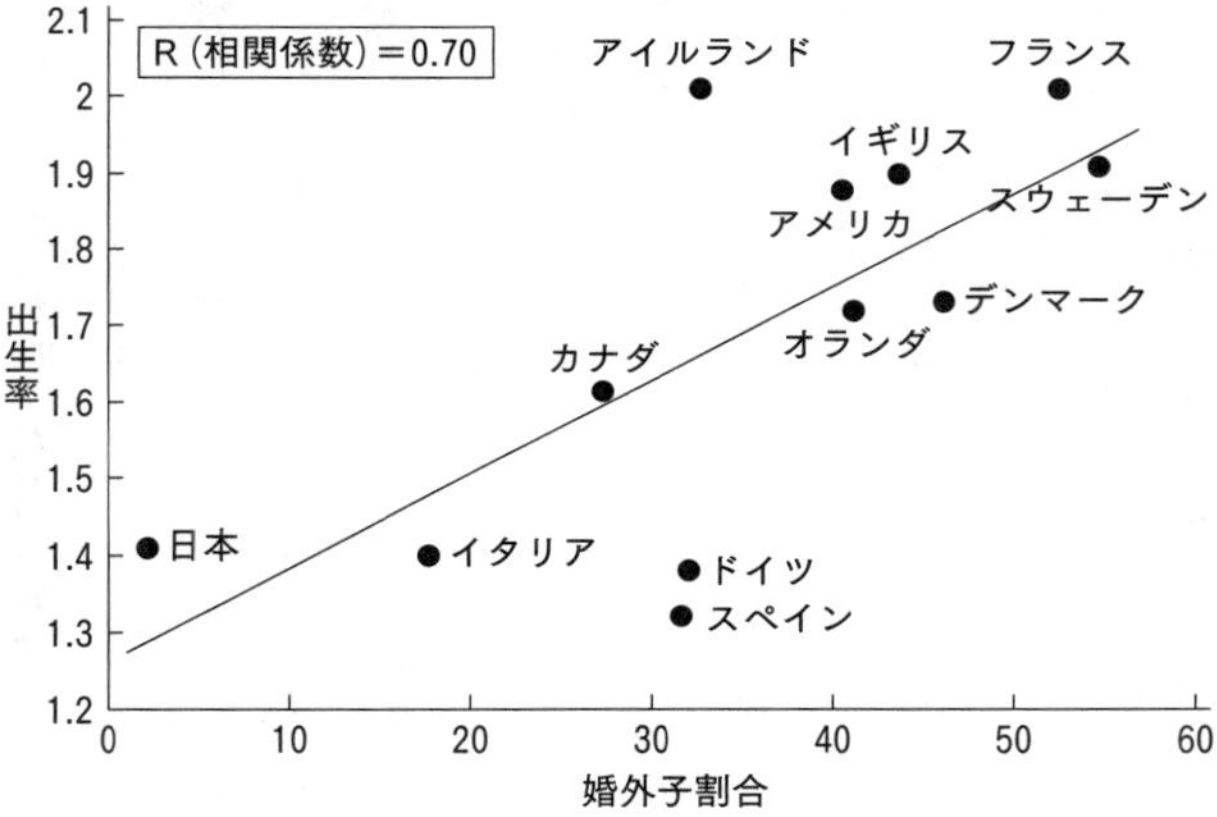

る状態では自立しているとはいえません。

どの家族メンバーも、まずは社会のなかの自立した人間を目指すことが重要です。そして、そのために家族という組織がどのような働きをするかを考える必要があるのです。

このようにいうと、個人としての自立が進めば家族は崩壊し、「まっとうな」結婚をしようと思う人がいなくなるのではないかという意見が聞こえてきそうです。

実際、他の先進国と比べて日本で婚外子が少ないのは、日本の伝統的な家族制度がいまだ健全に機能している証拠だという意見もあります。(注20)

でも、いまの家族は本当に健全だといえるのでしょうか。法律が想定する「まっとうな」家族像を好まない国民が増えているために、婚姻率や出生率が低いままだという解釈も成り立ちそうです。前ページの図はさきほど示した婚外子割合と出生率をプロットしたものです。両者の間にはプラスの相関があることがわかります。

離婚率が低いことが家族の健全さを表わすとも限りません。第1章で述べたように、現在の日本の法律婚は妻に強いコミットメントを要求することから、離婚のコストを高める働きをします。しかし、これは2つの結果をもたらすでしょう。ひとつは離婚のしづらさを嫌う女性が結婚を回避するかまたは遅らせるようになることで、もうひとつは夫婦関係が悪化しても離婚できない状態に妻が置かれることです。

結婚の自由度を上げると離婚率が上昇するという議論も誤りです。もちろん、離婚のコストが下がるので、今よりも離婚率は上昇するでしょう。

しかし、その一方で、夫婦関係に緊張感が生まれ、愛し合っているカップルならば結婚生活を健全に保とうと努力をするようになるはずです。相互の信頼関係を壊すような利己主義的な行動は慎《つつし》むようになるでしょう。そうすれば結果的にその夫婦は幸せになれるのです。

近年、企業経営ではダイバーシティ（多様性）の重要度が高まっているといわれています。多様な人材を活かす力をもっていない組織は、環境変化についていかれず弱体化していくからです。

家族も同じではないでしょうか。さまざまな価値観をもつ個人が家族を形成し、そのなかで個人の尊厳を認めることによって、結果的に日本の家族が健全に生き残っていくように思います。

コラム　出生率向上への方策

2013年の日本の合計特殊出生率（1人の女性が生涯に産む子どもの数）は1・43で人口置換水準（人口数を維持可能な出生率で現在は2・07）を大きく下回っています。こうした状況はすでに40年近く続いていて、このままでは2100年ころには日本の人口は現在の半分近くまで減ることが予想されます。

これまで政府は、この問題に対して有効な手立てを講じることができませんでした。その理由は、「子育ては女性がすべき」という社会規範に基づく慣習を温存したまま、「女性の社会進出」を推し進めようとしたからです。

子どもを産み育てることが生物としての人間の本能であるなら、政策はそれをいかに支援するかという視点に立たなければなりません。ここでは第4章で述べた夫婦が子どもを持とうとする動機から、支援のあり方を探ってみましょう。

第一に、子どもは夫婦関係を持続させるコミットメントだとする考え方があります。つまり、子どもという夫婦共有の財産を持つことによって離婚しにくくするというわけです。そうだとすると出生率を上げるには、若い世代にとっての結婚のコストを下げ、婚姻率を上昇させる必要があります。

第二は、子どもが夫婦にとって消費財だという考えです。この場合、夫婦にとって子どもを持つこと自体から満足を得るということになります。したがって、子育てのコストを下げ、子育て家族に所得保障をする政策が有効になります。ここでの子育てのコストのなかには、親が子どもの養育にかける時間も含まれます。

そして、第三は子どもが親の投資財だという説です。このとき、親は将来の見返りを求めて子どもを作ります。具体的には、親が老いたときに子どもの世話になるということを意味します。投資財ならば、投資の収益率を上げる（将来の経済成長率を高める）策、投資のコストを下げる（教育費を補助する）策、そして、投資の必要性を高める（高齢者への社会保障を減らす）策の３つが考えられます。

これまでの政府は、「子ども手当」や「高校授業料無償化」などの政策を実施してきました。右の考え方に従えば、まったく効果がなかったわけではありません。しかし、どれも場当たり的かつ単発で、しかも子どものいるすべての世帯を対象としたために、効果の薄い単なるバラマキになってしまいました。

子どもを持つ動機は家族によって異なります。政策をより有効に作動させるには、どのような属性の家族にどのような動機があるかという分析が欠かせません。それこそが事実証拠に基づく政策（evidence-based policy）というものです。

(注1) 以下の記述は、二宮周平『家族法 第4版』(新世社) より「序章 家族法とは何か」を参考にしています。
(注2) くわしくは拙著『障害者の経済学 増補改訂版』(東洋経済新報社) をご覧ください。
(注3) 同性婚を法律婚と認めない理由として、日本国憲法第24条の「婚姻は、両性の合意にのみ基いて成立」という条文の存在があります。ただし、この条文の解釈をめぐっては法学者でも意見が分かれているようです(窪田充見『家族法』145~146ページ)。また、民法の条文を見ると、「男は…」、「女は…」と書かれていて、そもそも法律が同性婚を想定していないことがわかります。
(注4) 事実婚の場合でも共同生活者として社会保障の対象になっています。たとえば、健康保険や年金の扶養家

族になれますし、産休/育休の取得なども認められています。

(注5) 事実婚は義務規定が少ないことから、おもに結婚のコミットメントを軽くしようと考えるカップルによって選択される方法です。こうしたカップルは普通は共働きで、いつ離婚しても困らないように財産も別々に管理していることが推測されますから、配偶者に相続権がないことや配偶者控除がないことは、さほど大きな損失にはつながらないだろうと思われます。ただし、事実婚によって生まれた子どもは婚外子(非婚の男女から生まれた子ども)として自動的に母親の戸籍に入るため、父親の戸籍に入れたければ認知と入籍という手続きを踏まなければなりません。夫婦別姓を望むカップルは、現状の法制度では事実婚しか選択肢がありませんが、別姓の動機が結婚のコミットメントを軽くしたいということであれば、前と同様の理由によって事実婚でもさほど問題は生じないでしょう。したがって、選択的夫婦別姓導入の判断基準としては、同姓は望まないが結婚のコミットメントは必要で子どもも欲しいというカップルや結婚して専業主婦になるものの姓は変えたくないという女性が今後どのくらい増えてくるかでしょう。

(注6) 嫡出とは婚姻関係にある男女からの出生のことをいいます。したがって、嫡出子とは嫡出による子どもを意味します。嫡出ではない(婚姻していない男女からの出生による)子どもは非嫡出子と呼ばれます。近年では嫡出/非嫡出というワードが差別的だとの指摘もあり、婚内子/婚外子という使い分けをするケースも増えてきています。

(注7) この規定は明治民法以来のもので、この条文の起草者によると、妻に「嫡出否認」の権利を与えると、「姦通」が権利行使の手段となって有害とのことだそうです。

(注8) ただし、この例外的措置はあくまで婚姻中の提出に限られます。婚姻前に子どもが生まれてしまった場合は、民法第789条「父が認知した子は、その父母の婚姻によって嫡出子の身分を取得する。」に従い、婚姻届の

提出をもって父親の嫡出子として「確定」されます。民法ではこれを「(婚姻)準正」と呼んでいます。しかし、「できちゃった婚」において妊娠が結婚のコミットメントとしての働きをするならば、子どもの出生後に婚姻届を提出するという事態はあまり想定できないでしょう。民法の教科書では、この「準正」は、明治民法時代において、婚家に嫁いだ女性が世継ぎを出産(あるいは懐妊)するのを確認してから婚姻届を提出するという慣行があったため設けられたルールとの説明がなされています。

(注9)①と②に共通する問題として、いったんは子どもの父親は前夫と記録されるため、後になって自分の戸籍を閲覧した子どもが前夫の姓名や母親の不倫を知ることになる点も挙げられます。これは子どもが受ける損害といえるでしょう。

(注10)母親がその権利を行使するにあたってはＤＮＡ型鑑定を含む説得力のある根拠を提示することが求められます。

(注11)この点について、女性に「否認」と「認知」の権利を与えることは、婚姻中の妻の「不倫」を法律が認めることになるといって反対する人たちがいます。この考え方は、法律は「まっとうな」人生を歩んでいる人たちにとっての味方であるべきという「転ばぬ先の杖」型発想の典型といえます。

(注12)『産経ニュース』より「婚外子相続の民法改正、自民から慎重論噴出」(http://sankei.jp.msn.com/politics/news/131023/plc13102322380023-n1.htm)、『正論』より八木秀次「非嫡出子の遺産相続判決に大きな疑問」(http://seiron-sankei.com/2529)など。

(注13)自民党若手議員からは、「親が亡くなった途端に、親の面倒を見ていない(事実婚の)子供が遺産相続に現れることがあるが、許されるのか」(前出『産経ニュース』より)との意見もあったそうです。でも婚外子だから親の面倒を見ないとは限りません。たとえば、結婚して子どもが生まれたもののほどなく離婚し、のちに事実婚を

選択して子どもが生まれたとすると、前者は嫡出子で後者は婚外子となります。このケースでは「親の面倒を見る」という論理はあてはまりませんし、両者を差別する根拠も見当たりません。どのように法律で定めようと例外は常に生じます。ここで大切なことは何を「まっとう」だと定義するかなのです。

(注14) 前夫が「親子関係存在確認の訴え」を起こそうにも、生物学上の父子関係がないため、それは難しいでしょう。

(注15) 特別養子縁組とは、養子とした子どもが6歳未満であれば、その養父母を実父母とみなすことができる制度のことをいいます。このとき、血縁上の父母と子どもとの親子関係は解消されます。

(注16) 1985年アメリカで、代理母が子どもの引き渡しを拒否して連れ去るという「ベビーM事件」が起きました。そのため、代理母出産を依頼した夫婦は引き渡しを求めて裁判を起こしました。最高裁まで争われた結果の判決は、依頼人である夫を父、代理母を母とし、親権を父に与え、代理母には子どもの訪問権を与えるという内容でした。

(注17) たとえば、貞岡美伸「代理懐胎で生まれた子どもの福祉」(『Core Ethics』Vol.7, 2011) 参照。

(注18) 二宮周平『家族法』の「民法はなお家意識や家父長意識を温存する規定を残している」(7ページ)、窪田充見『家族法』の「現行の民法典は、意外なほどに、戦前の明治民法典を引きずっている」(11ページ) など。

(注19) 自由民主党『日本国憲法改正素案』(平成24年4月27日) では、現行憲法の第24条に、「家族は、互いに助け合わなければならない。」という条文が書き加えられています。これは利己的な行動をとる人たちのいる家族は法律で守られるべきではないという意味です。

(注20) たとえば、稲田朋美『私は日本を守りたい』(PHP研究所) 第三章「日本国民の矜恃、文化を守るために」(100ページ) を参照。

おわりに

日頃からお世話になっているウィキペディアで自分の紹介文を見てみると、私は「経済学とは縁遠く見える対象を、経済学の視点から一般向けに論じた著書で知られ」ているようです。

こうした仕事のスタイルは一見すると大変そうに見えるのですが、実はそれほど難しくはありません。なぜかというと、「縁遠く見える対象」は、他の経済学者から注目されておらず、ほとんど荒らされていないからです。つまり、まっさらな大地を耕《たがや》していくようなものですから、自分の好きなように種を植え、育てることができます。

ここで注意しなければいけないのは、そうした分野にもその道の専門家がおられるという点です。無用な対立を避けるためには、そうした人たちの考え方を批判するのではなく、むしろ補完的な関係を保てるように論理を組み立てていく必要があります。したがって、新しいテーマを扱うときに私が行なう勉強は、まずその道の専門家の本を読んで、できる限り私なりの視点から理解に努めることなのです。

さて、今回テーマとして選んだ「家族」は、これまで数多くの経済学者が研究対象としてきたもので、経済学とは決して縁遠くありません。そのため、出版社の方から今回のオファーがあったときも、私にはそこに足を踏み入れることへの迷いがありました。

そこで改めてこれまで自分が書いた本やエッセーなどを読み返してみることにしました。その結果、それらの内容が「家族」と絶妙につながっていることに気づかされたのです。

たとえば、『大相撲の経済学』で言及した日本相撲協会はいかにも「家族」的な組織でしたし、『お寺の経済学』の取材を通じて知ったユタ信仰は沖縄独特の家族制度へ関心を持つきっかけとなりました。

さらに『障害者の経済学』では、障害を持つ子どもと親との関係から愛情の名を借りた利己心の存在に気づかされ、続く『オバサンの経済学』におけるオバサンとオジサンの定義づけは、本書において夫婦の関係を説明するうえで鍵となる考え方となっています。そして、『刑務所の経済学』では、親子ならびに夫婦間での度重なる殺人事件から家族という組織の脆弱《ぜいじゃく》性を学びました。

このようにして家族と関連する部分をつなぎ合わせ1冊の本にまとめていきますと、しだいに「経済学」というキーワードは、本書にふさわしくないのではないかと思うようになってきました。

経済学では、所得や時間などの限られたリソースを個人が自らの満足を最大にするように配分することを前提として、家族の問題について論理的に考えていくのですが、その手法だけでは現在の家族が抱える問題をうまく説明することができません。

結婚をめぐる男女間のコミットメントの違いや、愛情の名を借りた親による子どもの支配は、社会学や心理学では当たり前のこととして述べられていますが、私にはいわゆる「家族の経済学」がこれら他分野からの指摘を積極的に取り入れているようには思えませんでした。

また、学際的分野として近年知名度を上げている「法と経済学」でも、民法のなかの契約法に注目が集まり、家族法にはあまり焦点が当たっていないようです。

そこで私は思いきってこの本のタイトルから「経済学」を取ってしまいました。経済学というワードを使えばどのようなアプローチをとっているかわかりやすいことは確かですが、その弊害として経済学に興味を持っていない人には手にとってもらえず、その反面、従来型の経済学のフレームワークによるきっちりした分析を望む人にとっては物足りない内容とみなされてしまうからです。

家族は十人十色でさまざまなとらえ方があると思います。身近なテーマであるがゆえに経験に基づく個人の考えや信条が幅を利《き》かせがちです。そのなかで本書がどのくらい客観的で科学的なアプローチをとることができたかについては心許ないところもありますが、この「おわりに」までお付き合いくださったのであれば、それに免じてご容赦いただきたくお願い申し上げるしだいです。

本書はこれまでの私の仕事と密接に関わっていますので、その意味でお世話になった方を挙げれば切りがありません。そのなかで、本書第6章で沖縄の家族を調査するにあたり格別なご援助をいただきました豊平朝安《とよひらちょうあん》氏には、特にここでお礼の気持ちを表したいと思います。氏の援助なくしては沖縄の章をまとめることはできませんでした。

最後に、祥伝社の高田秀樹氏には、長きにわたり本書の完成を辛抱強くお待ちいただきました。同氏の編集のご苦労に対して深く感謝申し上げます。

平成26年晩秋

中島隆信

参考文献

〈はじめに〉


岩本康志編著『社会福祉と家族の経済学』、東洋経済新報社、２００１年。

上野千鶴子『おひとりさまの老後』、法研、２００７年。

大沢真知子『新しい家族のための経済学―変わりゆく企業社会のなかの女性』中公新書、１９９８年。

橘木俊詔、木村匡子『家族の経済学　お金と絆のせめぎあい』、NTT出版、２００８年。

山田昌弘『パラサイト・シングルの時代』、ちくま新書、１９９９年。

山田昌弘、白河桃子『「婚活」時代』、ディスカバー携書、２００８年。

A・シグノー『家族の経済学』、多賀出版、１９９７年。

二宮周平『家族と法』、岩波新書、２００７年。

丸山茂「家族の変容と国家」、慶應義塾大学経済学部編『家族へのまなざし』、弘文堂、２００１年。


〈第1章〉


中島隆信「利己主義か?利他主義か?」、『くらし塾きんゆう塾』(日本銀行情報サービス局)、秋号、２０１３年。

山田昌弘『結婚の社会学―未婚化・晩婚化はつづくのか』、丸善ライブラリー、１９９６年。

A・W・ドゥネス、R・ローソン『結婚と離婚の法と経済学』(太田勝造監訳)、木鐸社、２００４年。


〈第2章〉

落合恵美子『21世紀家族へ』、有斐閣選書、2004年。

中島隆信『こうして組織は腐敗する』、中公新書ラクレ、2013年。

中島隆信「文明の利器と個人化の進展」、『郵政研究所月報』、12月号、2001年。

中島隆信「家族の財布は誰のもの？」、『くらし塾きんゆう塾』（日本銀行情報サービス局）、夏号、2013年。

山田昌弘『迷走する家族』、有斐閣、2005年。


〈第3章〉

伊藤裕子他『夫婦関係と心理的健康―子育て期から高齢期まで』、ナカニシヤ出版、2014年。

中島隆信『オバサンの経済学』、東洋経済新報社、2007年。

中島隆信「物語文と論説文」、『くらし塾きんゆう塾』（日本銀行情報サービス局）、冬号、2014年。


〈第4章〉

岡田尊司『母という病』、ポプラ社、2012年。

岡田尊司『父という病』、ポプラ社、2014年。

中島隆信『子どもをナメるな』、ちくま新書、2007年。

信田さよ子『母が重くてたまらない』、春秋社、2008年。

信田さよ子『重すぎる母　無関心な父』、静山社文庫、2011年。

信田さよ子『愛情という名の支配』、海竜社、2013年。

信田さよ子『夫婦の関係を見て子は育つ』、梧桐書院、2004年。

広井多鶴子、小玉亮子『現代の親子問題―なぜ親と子が「問題」なのか』、日本図書センター、2010年。

M・デュリュ＝ベラ『娘の学校』（中野知律訳）、藤原書店、1993年。

S・フォワード『毒になる親　一生苦しむ子供』（玉置悟訳）、講談社＋α文庫、2001年。


〈第5章〉


木楽舎『孫の力』、2011年第1号～2014年第18号。

島泰三『孫の力』、中公新書、2010年。

目からウロコの編集部、シルバーライフ研究班『図解　孫にモテるための本』、第三文明社、2005年。

明橋大二、吉崎達郎、太田知子『子育てハッピーアドバイス　ようこそ初孫の巻～孫が幸せに育つために』、1万年堂出版、2012年。

東洋経済新報社「親と子の相続」、『週刊東洋経済』、58～59ページ、8月9日―16日合併号、2014年。

朝日新聞社「祖父母力で決まる格差」、『週刊アエラ』、8月13日―20日合併号、2007年。

棒田明子『祖父母に孫をあずける賢い100の方法』、岩崎書店、2009年。

樋口恵子『祖母力　娘・嫁・息子を救い孫を守る愛の手』、講談社＋α文庫、2007年。


〈第6章〉


安藤由美「復帰40年時の標　家族」、『沖縄タイムス』、2012年12月19日、20日。

安和守茂「沖縄のヤー相続慣行と伝統的シャーマニズム」、『関西学院大学社会学部紀要』、第57号、45～67ページ、1998年。

沖縄県県民生活センター『消費生活相談の事例と40年の変遷』、沖縄県、2012年。

沖縄タイムス「絆」取材班「絆のカタチ」、『沖縄タイムス』、2010年12月31日〜2011年5月7日。

奥山恭子「明治31年民法・戸籍法施行と沖縄の戸籍事情」、『横浜国際社会科学研究』、第14巻、第1・2号、2009年。

小田亮「『伝統の創出』としての門中化—沖縄のユタ問題ともうひとつの『想像の共同体』—」、『日本常民文化紀要』、成城大学文学研究科、第19輯、1996年。

佐久間正「琉球王国と儒教—蔡温を中心に—」、『長崎大学総合環境研究』第11巻、第2号、93〜102ページ、2009年。

佐藤壮広「伝統をつなぐ拝み／伝統をたち切る拝み—沖縄シャーマニズムにおける伝統の再帰性とアイデンティティ」、宮永國子編著『グローバル化とアイデンティティ・クライシス』第4章、明石書店、113〜140ページ、2002年。

塩月亮子、渋谷美芽「巫女と遊女の統制史—明治期から昭和初期までの沖縄近代化政策をめぐって」、『日本女子大学紀要』、日本女子大学人間社会学部、133〜145ページ、1999年。

塩月亮子「聖なる狂気—沖縄シャーマニズムにおける憑依現象」、立川武蔵編著『癒しと救い—アジアの宗教的伝統に学ぶ—』（玉川大学出版部）第2章、43〜62ページ、2001年。

塩月亮子『沖縄シャーマニズムの近代—聖なる狂気のゆくえ』、森和社、2012年。

島仲憲生「沖縄における祭祀承継の問題点について」、『沖大法学』、第4号、25〜49ページ、1982年。

渡久地十美子『ほんとうの琉球の歴史』、角川学芸出版、2011年。

新里喜宣「民間巫者の思想・言説から見る現代沖縄の先祖観の諸相—先祖イメージの変容と都市シャーマニズム研

究への布石」、『東京大学宗教学年報』、第26号、115～138ページ、2009年。

仲村清司『沖縄学』、新潮文庫、2006年。

長嶺伊佐雄、長嶺哲成『カミングヮ　家族を癒す沖縄の正しい家相』、ボーダーインク、1999年。

波平エリ子『トートーメーの民俗学講座』、ボーダーインク、2010年。

堀場清子『イナグヤ　ナナバチ―沖縄女性史を探る』、ドメス出版、1990年。

吉武輝子「沖縄の女性解放のうねり」、『読売新聞』、1980年5月21日。

山内竫『沖縄の人のための相続・贈与』、沖縄タイムス社、2011年。

琉球新報社編『トートーメー考　女が継いでなぜ悪い』、琉球新報社、1980年。

G・J・スミッツ「蔡温の学統と思想―特に仏教・釈迦論を中心として―」『沖縄文化研究』、第23号、1～38ページ、1997年。

J・モーダック他『最底辺のポートフォリオ』、みすず書房、2011年。


〈第7章〉

石井美智子「実親子関係法の再検討」『法律論叢』第81巻、第2・3合併号、31～59ページ、2009年。

伊田広行『シングル単位の恋愛・家族論』、世界思想社、1998年。

伊田広行『シングル化する日本』、洋泉社、2003年。

稲田朋美『私は日本を守りたい』、PHP研究所、2010年。

歌代幸子『精子提供』、新潮社、2012年。

清末定子「代理出産における母子関係」『北大法政ジャーナル』、第18号、1～24ページ、2012年。

参考文献

窪田充見『家族法―民法を学ぶ　第2版』、有斐閣、２０１３年。

小林亜津子『生殖医療はヒトを幸せにするのか　生命倫理から考える』、光文社新書、２０１４年。

坂井律子『いのちを選ぶ社会　出生前診断のいま』、ＮＨＫ出版、２０１３年。

貞岡美伸「代理懐胎で生まれた子どもの福祉」、『Core Ethics』、第7号、３６５〜３７４ページ、２０１１年。

中川淳「日本家族法の歩んだ道」『立命館法學』第２９２号、２２６〜２４０ページ、２００３年。

中島隆信「新しい時代の家族の在り方」、『経済セミナー』、第６４９号、60〜64ページ、２００９年。

中島隆信『障害者の経済学　増補改訂版』、東洋経済新報社、２０１１年。

中島隆信『経済学ではこう考える』、慶應義塾大学出版会、２０１４年。

二宮周平「親子関係否定の法理の解釈論的検討」『立命館法學』第３１６号、１６４〜１９４ページ、２００８年。

二宮周平『家族法　第4版』、新世社、２０１３年。

切りとり線

★読者のみなさまにお願い

この本をお読みになって、どんな感想をお持ちでしょうか。祥伝社のホームページから書評をお送りいただけたら、ありがたく存じます。今後の企画の参考にさせていただきます。また、次ページの原稿用紙を切り取り、左記まで郵送していただいても結構です。

お寄せいただいた書評は、ご了解のうえ新聞・雑誌などを通じて紹介させていただくこともあります。採用の場合は、特製図書カードを差しあげます。

なお、ご記入いただいたお名前、ご住所、ご連絡先等は、書評紹介の事前了解、謝礼のお届け以外の目的で利用することはありません。また、それらの情報を6カ月を越えて保管することもありません。

〒101-8701（お手紙は郵便番号だけで届きます）
祥伝社新書編集部
電話03（3265）2310
祥伝社ホームページ　http://www.shodensha.co.jp/bookreview/

★本書の購買動機（新聞名か雑誌名、あるいは○をつけてください）

________新聞の広告を見て	________誌の広告を見て	________新聞の書評を見て	________誌の書評を見て	書店で見かけて	知人のすすめで

★100字書評……家族はなぜうまくいかないのか

名前

住所

年齢

職業

中島隆信　なかじま・たかのぶ

慶應義塾大学商学部教授、同大学産業研究所所長。1960年生まれ。慶應義塾大学大学院経済学研究科後期博士課程単位取得退学。博士（商学）。専門は応用経済学。著書に、『経済学ではこう考える』（慶應義塾大学出版会）、『障害者の経済学 増補改訂版』（東洋経済新報社）、『オバサンの経済学』（東洋経済新報社）、『子どもをナメるな』（ちくま新書）、『大相撲の経済学』（東洋経済新報社）、『日本経済の生産性分析』（日本経済新聞社）など。

家族《かぞく》はなぜうまくいかないのか
――論理的思考《ろんりてきしこう》で考《かん》える

中島隆信《なかじまたかのぶ》

2014年12月10日　初版第1刷発行

発行者……………竹内和芳
発行所……………祥伝社《しょうでんしゃ》
〒101-8701　東京都千代田区神田神保町3-3
電話　03(3265)2081(販売部)
電話　03(3265)2310(編集部)
電話　03(3265)3622(業務部)
ホームページ　http://www.shodensha.co.jp/

装丁者……………盛川和洋
印刷所……………萩原印刷
製本所……………ナショナル製本

Printed in Japan　ISBN978-4-396-11396-4　C0233